シンプルに無駄なく

85歳、ノンナ《おばあちゃん》さんの食卓

北村光世

東京書籍

85歳の今、思うこと

我が家でパティオと呼んでいる土間から、いつものように大きなガラス戸を通して庭のハーブを見ながらこの原稿を書いていると、さまざまな出来事が走馬灯のように脳裏をよぎっていきます。この家に住むようになって50年近く経ちました。庭はあまり変わっていないけれど、わたしはもう85歳。十分、ノンナ（おばあさん）です。最近は「85歳！　元気の秘訣はなんですか？」と質問を受けることがよくあります。

あれこれ答えているうちに自然と人生を振り返る機会を与えていただきました。85年のあいだには戦争、そして戦後、食糧難の辛い思い出もあり、高度成長期には飽食も経験しました。激動の時代を潜り抜けたわたしには、今後の日本や世界がどう変化するのか、気になってしかたありません。

とくに全世界がコロナ禍を体験し、気候変動を実感する昨今に至っては、今まで以上にまず自分の健康を守ろうと思う人が増えたように感じます。ですが、日本では頼みの綱である国民皆健康保険制度が、今後どうなるかもわからない状態です。自分で自分の健康を守らなければいけない時代に変わってしまいました。これまでわたしが実践してきた地中海地方の食事法に基づいた毎日の食事習慣こそが、今後のわたしたちにとって大いに役立つのではないかと思い始めています。

そんなタイミングで、この本のお話をいただきました。

「85歳、現在進行形でのわたしの食事、日々食べているレシピを中心に」――そんなテーマなら、お役に立てるかも。喜んで引き受けたものの、記憶力も衰えて新しい考えが浮かばないかも？　と心配でしたが、驚いたことに新しい料理がどんどん浮かびます。今がこの本を書くのにぴったりの時期なのだと、すぐさま仕事に取りかかったのです。

この本には、長寿で知られる地中海地方の食事習慣を基にして、子どもだった頃の食事体験やアメリカ留学中に学んだアーリーアメリカンの考え方を思い出しながら、何度も作り、時代に合わせて食してきた料理がたくさん入っています。日本の伝統食材もからだに優しく食べられるよう工夫しました。これまでに旅した国々の料理からも多くを学び、役立てました。さらに、筋肉や血管なども強くするように材料を選び、切り方や大きさも考えました。

この本では東南アジア料理と燻製、ジャムを除いて、砂糖や甘味料は無使用です。加える調味料も控えめです。もし足りなければ、ご自身で加えてください。食べ方にも無駄がないよう気を配りましたし、食後の洗い物では、使う洗剤が少しで済むので環境に与える負荷も少なめです。おいしく食べて人にも地球にもやさしい毎日の食事、85歳のあるがままの食卓です。

ハーブとオリーブオイルのおかげ
元気でいられるのは

わたしが出合った最初のハーブはディルでした。アメリカ留学中、はじめて食べたディルピクルスがとてもおいしく、アメリカにもこんなに香りのいいお漬物があることに驚きました。その後、夏季講座に出席したメキシコで、コリアンダーとハラペーニョを知り、虜になりました。日本に帰って困ったのは、ハーブが手に入らないこと。そこで、自分で育てるしかないと、鉢植えから育て始めることにしました。

鎌倉に移ってからは、庭にたくさんのハーブを植えましたが、自然と料理用ハーブが多くなってきました。大好きなローズマリーは、今では8株ほどが枝を広げて大きくなっています。ローズマリーには、脳細胞を活性化する働きがあり、イタリアの健康長寿村では毎日料理に使ってきたと最近発表があり、ほぼ毎日使ってきたわたしも、「やった！　間違ってなかった」と思ったほどです。

さて、たくさんの薬効を持つ油として周知のオリーブオイルですが、わたしは〝ハーブ＋油〟と呼び、この油だけでもハーブと同じく香りや薬効があると考えます。ですから、まず質のよいオリーブオイルで調理し、香りが足りなければハーブで補う料理法をおすすめします。多くのハーブとオリーブオイルの原産地はほぼ同じ。一緒に使うと、より効果が期待できるでしょう。今、健やかに日々を過ごせるのはハーブに守られてきたおかげだとつくづく思います。

人生１００年時代の食事

南イタリアには今でも１００歳以上の健康長寿者が人口の一割を占める村があり、地中海式食事法と呼ばれる伝統に基づいた食習慣が守られています。20年ほど前、アメリカＮＰＯ法人Oldwaysが、この食事法を初めてピラミッド型図式で発表しました（左図）。ピラミッドの底辺にあるのが毎日食する基本食材で、果物、野菜、穀類、オリーブオイル、豆、ナッツとハーブやスパイスです。その上に来るのが魚介類。さらにその上に来るのは鶏肉、卵、チーズやヨーグルトで、ピラミッドの一番上に来るのは、月に数回しか食しない赤肉（牛、豚）とスイーツです。

月に数回
赤肉、スイーツ

週に数回
鶏肉、卵、チーズ、ヨーグルト

毎週少なくとも2回
魚、シーフード

毎日の毎回の食事
野菜、果物、全粒粉、
オリーブオイル、豆、ナッツ、ハーブ

運動する、みんなで食事を楽しむ

参考資料：Mediterranean Diet Pyramid
2009　Oldways　Preservation and Exchange Trust

地中海食と日本食は類似点が多いのですが、大きな違いは地中海食で毎日使っているオリーブオイルとハーブが日本食にはないことです。わたしは健康によいとされるハーブを早い時期から庭で育てて使っていましたが、オリーブオイルについてはあまり知識がなく、輸入されるようになるとイタリアやスペイン料理をまねて使い始めました。そのおかげか、持病もなく過ごせています。オリーブオイルとハーブには、さまざまな薬効があるので、これらを使った地中海式食事は健康長寿に導く西洋薬膳とも言えるでしょう。同じ食材でもどう組み合わせるのか、どう調理するのかは、おいしく食べるのと同じくらい大切なこと、と思います。

京都からアメリカ、ハーブを巡る旅、そして鎌倉稲村ケ崎での暮らし

19歳でアメリカに行くまで、生まれ育った京都で過ごしました。近くには上賀茂神社や賀茂川があり、小学生の頃は周りに畑も多く、有名なお漬物の「すぐき」の産地も近くです。春になると菜の花が咲き、菜の花漬けが食卓に並びます。母は料理好きで、賀茂の農家の方が採れたての野菜を売りにくるのを待って、料理を作っていました。

父は畑仕事が好きで庭には山椒やみょうがと一緒に月桂樹も植えており、母はどこで習ったのか、煮込み料理には庭の月桂樹の生葉を使っていました。

そんな母の料理で育ったわたしは、念願叶って働きながらアメリカの大学で勉強し始めましたが、単調な味付けの料理に飽きて山椒やみょうがを思い出し、和ハーブを恋しく思ったものです。アメリカでの最初の1年目に行った大学は手違いで家政科専門校、望んでいたアメリカ文学の講座はなく、アメリカ式の家庭料理史や料理法の授業が主でした。でも、「今は与えられたことに全力を注ごう」と頑張りました。それが、思いがけなく後にわたしの仕事にも役立つこととなったのですから不思議です。その後、転校した大学で学んだのは一般教養科目の他にスペイン語と文化。メキシコやスペインでハーブとオリーブに出合い、帰国して大学でスペイン語を教えるようになってからも、しばしば海外を訪れながらハーブとオリーブオイルを巡る旅を続けてきました。

現在住んでいる稲村ケ崎は海辺なので越してきた当時は、海が遠い京都の街育ちのわたしはお魚のおいしさに感動し続け！　しかも、庭にはハーブがたくさんあるので、食生活がどんどん地中海地方に似てシンプルになっていきました。

最近、気になっているのはコロナ禍以来、行けていないイタリアに購入した家のこと。アペニンの山麓地帯にある石造りの家は、もとは２００年も経つ牛小屋でした。辺りは牧草地帯でミント、ホップなどが自生しているのどかな景色のよい場所です。ここで5年間、毎夏日本文化祭を開催しました。自然とともに伝統食品を作り続け、その大切さをわたしに教えてくださったイタリアの皆様へのお礼の印として。コロナが終わったらまたイタリアを訪れたいと考えています。

Lincoln Leads Way for Japanese Girl to Enter U. S. and Stout
63 Girls Pledge Sororities

contents

計量単位は1カップ＝200mℓ　大さじ＝15mℓ　小さじ1＝5mℓです。

自分も地球もいたわる
持続可能《サステナブル》な
ひとり暮らし

かつては夫と息子と暮らしていましたが、息子が巣立ち、夫が亡くなり
ひとり暮らしになりました。
そうしたら今までできなかったことが、たくさんあることに気づき実践しています。
とくに昨今の気候は、ハーブと日々向き合っていると
激しく変わっていっていることを肌で感じます。
なるべく環境や地球に負荷をかけないで暮らすことを
ひとりであっても意識しないわけにはいきません。
たとえば玉ねぎを炒めたらフライパンにはうま味や焦げが残っています。
そこにカップ1杯分のお湯を加えればオニオンスープに。
やってみたら「あら、おいしいじゃない」とひとり言。
食後、フライパンを洗うのもとても楽になります。
家族がいたらできないけれど、ひとり分だからできることです。
コロナ禍のときも庭のハーブと買い置きしている乾物やお餅があれば、
買い物に行かなくても食べることに困ることはありませんでした。
今できることをせいいっぱい楽しみながら、無駄にすることなくすべていただく。
そしてひとりになって、なによりも「できる範囲で頑張らなきゃ!」と
無理をしすぎることもなくなりました。

干物は丸ごといただく

干物は直火で焼くと、大切なオメガ3脂肪酸を含む青魚の脂が落ちてしまいます。でも薄力粉をつけてオリーブオイルで焼けば魚の栄養分がコーティングされ、失うものがありません。皮や頭も、もう一度焼くとパリパリになっておいしく、その上ゴミもゼロ。食べられるところは、全部いただくように心がけています。また、オレガノをつけて焼くので、魚のにおいも部屋に残りません。

鯵の干物 ハーブとオリーブオイル焼き

材料 1人分

鯵の干物…中1枚
ドライオレガノ…約小さじ¼
薄力粉…適量
エキストラ・バージン・オリーブ油…適量
レモン…好みで

1 鯵の内側にドライオレガノを手でもみながらまんべんなく振り、軽く押さえたら薄力粉を両面に振る。

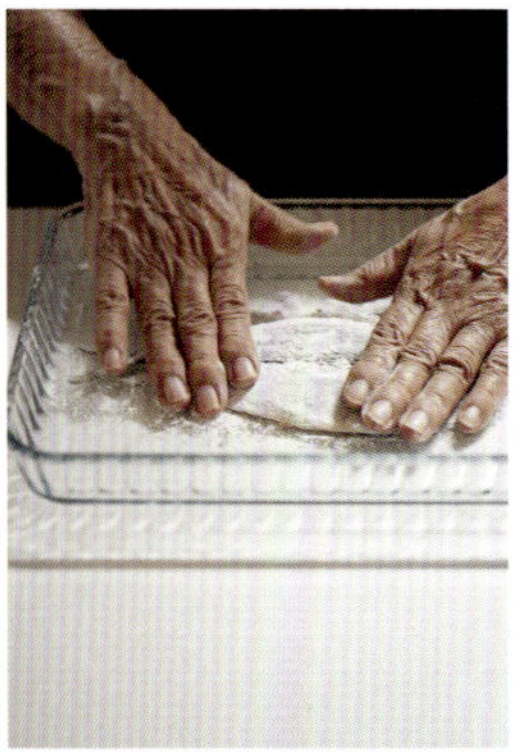

2 薄力粉が落ちないように手でよくなじませる。

3 フライパンを温め、オリーブ油を少々多めに広げ、熱くなったら鯵を内側から焼く。カリッとなったら、裏返して同様に焼く。フライパンはそのまま洗わずにおく。

身を食べ終わって残った骨、頭、皮などを一口大にして、**3**のフライパンを傾けてオリーブ油のあるところに入れ、ゆっくりと加熱してパリパリになるまで焼く。

レモンたっぷりがおいしい！
イタリア式にレモンに刺したフォークをクルッと回して、たっぷり搾ります。
残った皮や頭は、カリカリとまた別のおいしさを味わいます。

ブロッコリーのおいしさを存分に味わう

２０２６年から国が安定供給をめざす指定野菜になることが決まったブロッコリーは、食卓に欠かせない野菜になりました。煮浸し風にするとブロッコリーが口の中でほろりと崩れて食べやすくなり、知らぬまに1株を食べ切ってしまうことも。19歳の老犬が弱ってきたとき、この煮汁を飲ませたら元気になったり、ブロッコリー嫌いだったご主人が、病気になられてからこの調理法のおかげで元気になられたという方も。素材のうま味を引き出してくれるオリーブオイル・マジックのおかげです。イタリアでは、花蕾の部分は食べずに茎だけを食べるという人もいるくらい、茎もおいしいです。長めに茎をカットして花蕾との違いを楽しみます。

ブロッコリーの煮浸し風

材料 ブロッコリー1株分

ブロッコリー…中1株
塩…少々
エキストラ・バージン・オリーブ油…約小さじ2

1 ブロッコリーは茎の皮が硬いので薄く削ぐ。

2 茎をつけたまま縦に小房に切る。

3 浅い鍋か深さのあるフライパンに入れ、ややかぶるくらいの水（分量外）と塩を加える。

4 オリーブ油を振り入れてフタをして中火にかける。

5 ときどき上下を返しながら煮る。途中で色が鮮明な緑色になるが、10分ほど煮る。

6 色がやや落ち着いてくる頃にうま味が出るので、茎に串を刺してみてスッと通ったらできあがり。

汁ごとスープ皿に盛ってもいいし、
汁とブロッコリーを別々に盛っても。汁は栄養分も期待でき、
まるで野菜スープのようなおいしさです。

カリフラワー1株を食べ尽くす

漬かり始めとしばらく漬けたものと、味が少し変わってきます。
スパイスの種も柔らかくなって食べやすいのでいっしょに味わって。

カリフラワーもブロッコリーと同じアブラナ科の野菜で、体に必要な栄養は申し分ないのですが、調理のしかた次第で好き嫌いが決まるようです。ゆでて食べるよりも生のままや炒めて食べるほうが、断然おいしいです。マリネにしたり、パスタのソースとしてザクザク刻んで加えると意外と1株、ペロリといただけてしまいます。ぜひともたくさん食べたい野菜のひとつです。

カリフラワーのマリネ

材料 作りやすい分量

カリフラワー…1株
にんにくのみじん切り…小1片分
マリネ液
- 穀物酢・水…各½カップ
- ドライオレガノ…小さじ½強
- ホワイトマスタードシード…小さじ1
- 黒粒こしょう…約15粒
- 塩…小さじ2弱
- エキストラ・バージン・オリーブ油…60〜70㎖

イタリアンパセリ（茎は細かく、葉は粗みじん切り）またはパセリ…大さじ1

1 カリフラワーは茎をつけたまま小房に分けるように切るか割く。太い茎は皮の部分を削いでからひと口大に切る。アルミ製以外のボウルに入れ、にんにくを加える。

2 オリーブ油以外のマリネ液の材料をアルミ製以外の鍋に入れて2分ほど煮立て、**1**に注ぎ入れ、オリーブ油も加えて混ぜ合わせる。ときどき上下を返しながら混ぜて味が全体にいきわたるようにする。

3 冷めたらパセリを加えて混ぜ、保存用袋や瓶に入れ、冷蔵庫で8時間ほどおくとよく浸かる。できれば、途中で2回ほど上下を返して味をなじませる。冷蔵で2日ほど保存できる。

パスタはなるべくショートパスタを！
スパゲッティは麺と同じでスルッと食べがちですが、
ショートパスタはよく噛むことが必要ですから。

ペンネのカリフラワーソース

材料　2人分
ペンネ…140g
塩…大さじ1強
水…2ℓ
ソース
カリフラワー…大½株(約300g)
エキストラ・バージン・オリーブ油…大さじ3強
にんにくの粗みじん切り…小1片分
アンチョビフィレ…3枚
こしょう…少々多め
パルミジャーノ・レッジャーノ(おろす)…大さじ2
イタリアンパセリ(茎は細かく、葉は粗みじん切り)…小さじ2

1 ソースを作る。カリフラワーは茎と花蕾に切り分け、茎の皮の部分を削ぐ。茎を1㎝の角切り、花蕾も同じくらいの大きさに切る。

2 フライパンにオリーブ油とにんにくを入れて中火にかけ、フライパンを傾けながらにんにくが薄く色づき始めるまで木べらで炒める。

3 手早くアンチョビを入れ、木べらでつぶしながらオイルに溶かす。焦がさないように注意。

4 **1**を一気に加えて混ぜ、全体にオイルが絡まったら水80㎖（分量外）を加えて弱火にし、フタをしてしばらく煮る。

5 その間に鍋に湯をわかして塩を加え、ペンネを表示通りのゆで時間の1分前までゆで、ザルに上げる。ゆで汁はとっておく。

6 **4**のカリフラワーの大きな花蕾を木べらで軽くつぶしながら、水分がなくなったときは**5**のゆで汁を50㎖加えて混ぜ、こしょうを振り、味をみる。

7 **5**を加えて手早く混ぜ合わせ、最後にパルミジャーノを混ぜ入れて味を調え、パセリを振る。

炒め玉ねぎがあると重宝します

玉ねぎのオリーブオイル炒めローリエ風味

玉ねぎはゆっくりと炒めることでうま味や粘りが出る野菜。多めに炒めておくと、すぐに料理にアレンジできて便利です。炒めるときにはローリエを加えますが、たった1枚使うだけで、奥深い味わいを引き出してくれるから不思議です。トッピングに使うケーパーも抗菌・解毒作用などで知られる地中海沿岸地方原産のハーブで、蕾が塩漬けや酢漬けにして輸入されています。炒め玉ねぎとよく合い、料理の飾りとしても役立ちます。玉ねぎのみならず、炒め物が途中で焦げ付きそうなときは、水を少し加えればあわてることなく、おいしくできあがりますよ。

材料　作りやすい分量
玉ねぎ…1〜2個（約200g）
塩…少々
エキストラ・バージン・オリーブ油…約大さじ1
ローリエ（生または鮮度のよいドライ）…1枚
塩、こしょう…好みで

1 玉ねぎは皮をむき、縦半分に切ってから繊維に添って3～4㎜幅の薄切りにする。玉ねぎが大きいときは、縦半分に切り、さらに横半分に切ってから薄切りにする。フライパンに入れ、水分が出やすいように塩を振り入れ、フタをして中火にかける。

2 しんなりしてから、オリーブ油と手で切り込みを入れたローリエを加え、よく混ぜる。

3 そのまま弱めの中火で薄茶色になるまで、ときどき混ぜながら炒める。焦げそうなときは、水少々（分量外）を加えて鍋底を木べらでこすりながら炒め、最後に好みで塩とこしょうを加える。保存容器に入れ、冷蔵で3、4日保存できる。

4 フライパンに残った玉ねぎの焦げやオイルは、うま味がたっぷり。水適量（分量外）を加えてサッと温めるとスープになる。じつは洗い物もラクになる。

炒め玉ねぎで

味噌汁の具としてそのまま加える。

温かいご飯にのせ、ケーパーを散らしてミニ丼に。

トーストしたパンにのせ、ケーパーを散らす。

フライパンに残ったうま味でオニオンスープに。

大豆を煮る

ストウブ鍋を使うようになってから、豆をよく食べるようになりました。一晩水に浸けてから煮ると短時間でもふっくらと、おいしく煮上がるから。そして、豆を煮たら、まずはできたてをオリーブオイルだけでいただいてみてほしい。とても滋味深いのがわかります。わたしが豆をペースト状にしたフムスをはじめて食べたのはトルコです。本来ひよこ豆で作りますが、日本を代表する大豆でもおいしくできます。また、ミネストローネはもともと農家の料理で、おなかのもちをよくするためにパスタかじゃがいも、または豆を加えて作るのが定番です。

大豆の水煮

材料 作りやすい分量

大豆…1カップ

水…豆の上3cmくらいかぶる程度

1 大豆を洗ってボウルに入れ、水を加えて一晩おく。翌朝には豆が膨らんでいる。

2 ストウブ鍋に水ごと大豆を入れる。必要なら新たな水（分量外）を大豆が3cmほどかぶるように加えてフタをし、強めの中火にかける。

3 沸騰して蒸気が出始めたら弱火にして15分ほどしたら硬さを確かめ、好みの硬さまで加熱する。硬めのところで火を止めて蒸らしてもよい。大豆は吹きこぼれやすいので注意。冷蔵で2日ほど保存できるが、それ以上は冷凍する。

オリーブオイルで

ゆでたての大豆の水煮（好みの量）にオリーブ油を適量回しかける。塩少々を好みで追加しても。

大豆のフムス

材料 作りやすい分量

A
- 柔らかめの大豆の水煮（ゆで汁はきる）…1½カップ
- にんにくのすりおろし…小1片分
- 水（または豆のゆで汁）…50〜60mℓ
- タヒニ…⅓〜½カップ※
- レモンの搾り汁…約大さじ1
- 塩…小さじ¾
- エキストラ・バージン・オリーブ油…好みの分量

- エキストラ・バージン・オリーブ油…小さじ2〜好みで
- 粉パプリカまたはカイエンペッパー…少々
- イタリアンパセリ（粗みじん切り）…少々

※練りごま（白）やピーナッツバター（無糖）で代用してもよい。

1 フードプロセッサーにAを入れて滑らかにしたら、好みの濃度になるまでオリーブ油を加える。

2 皿に広げるように盛り、上からオリーブ油をかけて粉パプリカとパセリを振る。ピタパンなどと一緒に。

大豆入りミネストローネ

材料 4人分

- 大豆の水煮（ゆで汁はきる）…1カップ〜好みで
- にんにくの粗みじん切り…小1片分
- 玉ねぎ…½個
- にんじん…小1本
- セロリ…大1本
- キャベツ…大3枚
- トマト…中2個
- エキストラ・バージン・オリーブ油…大さじ3〜4
- ドライトマト（粗みじん切り）…大2枚
- ローリエ…1枚
- 塩、こしょう…各少々

1 玉ねぎ、にんじん、セロリ、キャベツは、約1cmの角切り、トマトは小さく切る。

2 シチュー鍋にオリーブ油大さじ3とにんにくを入れ、中火にかけ、ゆっくりと香りを出す。焦げないよう注意し、薄く色づいたら玉ねぎを加え、しんなりするまで炒めて鍋の端に集める。

3 空いたところに残るオリーブ油を入れてトマト以外の野菜を加え、8分ほど炒めたらトマトを加え、つぶしながら炒める。トマトがつぶれてきたら、ドライトマトと手で切り目を入れたローリエ、水3カップ（分量外）を加え、20分ほど煮て塩、こしょうする。

4 水が少なければ水少々（分量外）と大豆を加え10分ほど煮て味を調える。

ドライトマトのオリーブオイル漬け

ドライトマトが生まれたのは南イタリア。サンマルツァーノという縦に長いトマトを半分に切り、塩をして天日で乾かしたものです。生産者によっては、下に白い石を敷き、太陽熱で温めて上からも下からも熱が当たるように工夫し、網に広げたトマトを乾かしていました。天日干しすると凝縮したうま味が加わります。ドライトマトは湯で戻すだけで使えてとても便利。買うときは、イタリア産の色が赤くてしっとり感のあるものを選びましょう。イタリア以外の産地のものは、パリパリに乾いたものもありますのでご注意を。

材料 好きなだけ
ドライトマト…適量
エキストラ・バージン・オリーブ油…トマトがかぶる程度
ドライオレガノ…適量

1 小さいボウルにドライトマトを入れ、熱湯（分量外）をかぶる程度加え、10分ほど戻す。乾燥度合いにより時間は加減する。ただし、長く浸けると柔らかくなりすぎるので注意。

2 ザルに上げ、自然に水分が落ちなくなるまで水けをきる。果肉が柔らかいので、決して絞らない。戻し汁はうま味がたっぷりで、スープや吸い物に使うとおいしい。

3 好みの大きさに切る。写真は5㎜角ほど。皮が硬く、果肉が柔らかいので、よく切れるキッチンバサミで切ると簡単。

4 ときどきオレガノも加えながら瓶に入れ、オリーブ油をトマトがかぶるまで注ぐ。トマトがオイルから出ているとかびるので注意。冷蔵で1か月ほど保存できる。オイルに黄色の塊ができるがとくに気にせずに。

ドライトマトの戻し汁にはトマトの持つだしと同じうま味と
ほどよい塩分が出ているので、棄ててしまうのはもったいない。
そのまま吸い物やスープに使うと調味料なしでもおいしいです。

戻し汁の吸い物

材料　1人分
ドライトマトの戻し汁…お椀1杯
水溶き片栗粉
…片栗粉を少々の水で溶く
溶き卵…小1個分

鍋に戻し汁を入れて味をみて、必要なら水（分量外）を足す。味が足りないときは、コラトゥーラかしょう油少々（分量外）を加える。沸騰したら水溶き片栗粉を加え、軽くとろみが出たら少しずつ卵を浮くように加える。

ドライトマトのおにぎり

材料　2個分
温かいご飯…200g
ドライトマトのオイル漬け
（オイルごと）…約大さじ1

炊きたてのご飯にドライトマトのオイル漬けを加えて混ぜる。2等分しておにぎりを2個、ドライトマトがところどころに見えるように握る。

ドライトマトご飯のしらす丼

材料 1人分
温かいご飯…お茶碗大1杯
ドライトマトのオイル漬け（オイルごと）
…約大さじ1
しらす…大さじ3または好みで
エキストラ・バージン・オリーブ油
…約小さじ2
レモンの搾り汁、レモンの皮（おろす）
…各少々

1 温かいご飯にドライトマトのオイル漬けを混ぜ入れて器に盛る。
2 上にしらすを広げ、オリーブ油を回しかけてレモン汁もかけ、おろしたレモンの皮を振る。

ドライトマトのブルスケッタ

材料 作りやすい分量
好みのパン…適量※
ドライトマトのオイル漬け（オイルごと）
…適量
※なるべく穴のない、密度の高いパンがおすすめ。

パンをトーストしてパリッとさせ、ドライトマトをパンに広げる。ブルスケッタはパンをあぶって搾りたてのオリーブ油をのせ、その年のオイルの味見をしたのが始まり。パンが温かいと香りや味がわかりやすい。

フジリのドライトマトあえ

フジリにドライトマトがまとわりつき、一体となるのがこの料理のおいしさ。ルッコラのような香味野菜を加えるとアクセントにもなり、色もきれい。

香りがある好みの野菜を加えるといいです。

材料 2人分
フジリ…140g
塩…大さじ1強
水…2ℓ
ドライトマトのオイル漬け（オイルごと）…½カップ
エキストラ・バージン・オリーブ油…大さじ2
ルッコラ（粗いざく切り）または香味野菜…好みで

1 湯をわかして塩を加え、フジリを表示通りにゆでてザルに上げる。ゆで汁少々をとっておく。
2 鍋にフジリを戻し、ドライトマト、オリーブ油、ルッコラの順に混ぜ入れる。なじみづらいようならゆで汁を加え、よくあえて器に盛る。

紫玉ねぎの酢漬け

塩を加えた酢に紫玉ねぎを漬けておくだけですが、酢がアントシアニンの色を引き出してきれいな紫色になり、玉ねぎの持つ甘味やうま味が酢に移り、これだけで素晴らしい総合調味料になります。一瓶作っておき、料理で少し残った玉ねぎがあるときなどは細かく切って追加で加えるといいでしょう。ただ、その都度、味わってみて酢と塩が必要なら追加します。

瓶にマイルドな穀物酢½カップ、塩大さじ1、粗みじん切りの紫玉ねぎ大さじ4を加え、混ぜる。冷蔵庫で保存する。3日ほどで赤紫色の酢になる。紫玉ねぎの切り方は、使う目的によって大きめに切ってもよい。冷蔵で2か月ほど保存できる。

かぼちゃと紫玉ねぎのオリーブオイルあえ

材料 2人分
かぼちゃ…中½個
紫玉ねぎの酢漬け（漬け酢ごと）…大さじ1
エキストラ・バージン・オリーブ油…約大さじ2

1 かぼちゃは種を除き、皮の傷なども削いで蒸したら、皮を上にして冷ます。完全に柔らかくなっていると甘みが強い。

2 **1**を1.5㎝の角切りにし、ボウルに入れて紫玉ねぎの酢漬けとオリーブ油を回しかけ、マッシュにならないように気をつけてサックリと混ぜ合わせる。味をみて紫玉ねぎの酢とオリーブ油（ともに分量外）で調整する。オリーブ油でかぼちゃの喉ごしがスルッとよくなる。

豆と野菜のサラダ

材料 作りやすい分量
水煮金時豆（またはとら豆）…2カップ
大根…⅕本
黄色パプリカ…小½個
イタリアンパセリ（粗みじん切り）…大さじ1
紫玉ねぎの酢漬け…玉ねぎ大さじ2、漬け酢大さじ1
エクストラ・バージン・オリーブ油…大さじ1

大根は皮をむき、8㎜の角切り。パプリカも同じ大きさに切る。材料をすべて合わせて味を調え、15分以上おく。

納豆にプラス

納豆（40g）を器に入れて紫玉ねぎの酢漬け小さじ1、漬け酢とオリーブ油各小さじ½を加え、よく混ぜる。塩を加えてなくてもおいしい。

和の乾物

物産展や旅行先で産地の乾物を買っておき、好みの乾物を組み合わせて熱々のお湯を注げば、だしをとらなくてもひとり分のインスタントお吸い物ができます。できれば添加物がない自然なものを買うようにしています。大葉や山椒を添えたり、塩漬けレモン（１０２ページ）を少量入れるのもおすすめ。とくに昆布は毎日食べたい乾物です。乾物は一度開けると風味や質が落ちるものもあるので、保存用の袋や密閉容器に入れてまとめて保存します。

熱湯を注ぐだけ

各乾物を好みの量、器に入れ、熱湯を注ぐ。

カット昆布は薄めの昆布をハサミで切るか、パリパリに乾いていれば手で割れる。

乾物そのものに塩味があるので調味料は必要ないけれど、もしも塩分や味が足りないときは、コラトゥーラかしょう油を1、2滴加えるとよい。

冷めると味が落ちるので、少し厚めの器でアツアツを。

お吸い物3種

とろろ昆布
梅干し（小）
ちりめんじゃこ
カット昆布

かつお節
青さのり
桜えび
カット昆布

かつお節
わかめ
ちりめんじゃこ
カット昆布

パルミジャーノ・レッジャーノ

最低でも12か月、通常24か月、もっと長い熟成期間を経るものもあり、14世紀に書かれたボッカチョの「デカメロン」に、すでに記されているパルミジャーノ・レッジャーノ。たんぱく質やカルシウムが豊富で低糖質。そのまま食べたり、うま味が強いのでだしにもなるチーズで、料理に少し加えるだけでコクが増します。白い点が浮かぶのはアミノ酸が結晶したもので、熟成年月とともに増えていきます。常備しておき、いつでも食卓に。面白いのは切り方で味が変わること。ぜひお試しあれ。

そのまま食べるときは塊でゴロッと

パスタにかけるときなどは細かく

料理に加えるときは薄めにスライス

硬い皮の部分が残ったら、フライパンを温めて外側を下にして焼いたら、裏返して焼く。冷めると硬くなるのですぐにいただく。

洋梨のパルミジャーノ・サラダ

材料　2人分

洋梨…1個

パルミジャーノ・レッジャーノ

…⅓カップ程度

エキストラ・バージン・オリーブ油

…少々

洋梨は皮と芯を取り除き、1.5㎝の角切りにする。皿に盛り、オリーブ油を回しかけ、千切りスライサーでおろしたパルミジャーノをのせる。切り方はお好みで変えてみて。味付けはチーズだけでも十分。

パルミジャーノとトレビスのコンキーリエ

材料　作りやすい量　約3人分

コンキーリエ…160g

水…2ℓ

塩…約大さじ1

エキストラ・バージン・オリーブ油

…約大さじ2

パルミジャーノ・レッジャーノ

…おろして1カップ

トレビス(小さめのひと口大に切る)

…3枚

1　湯を沸かして塩を入れ、コンキーリエを表示通りにゆでたらザルに上げる。ゆで汁少々はとっておく。

2　鍋にコンキーリエを戻し、オリーブ油を回しかけてパルミジャーノも加え、よく絡ませる。最後にトレビスを加えて混ぜる。必要ならゆで汁少々を加え、好みでパルミジャーノ(分量外)をさらに振り入れてもよい。

このピクルスはサラダとしてもお漬物としても楽しめます。きゅうりで作るのが本場のアメリカ式ですが、他の野菜を混ぜると違った歯ごたえが楽しめ色もカラフル。雑菌が入ると液が濁るのでご注意。浅漬けなら一晩でOK。

ミックス野菜のピクルス

材料 作りやすい分量

大根…200g
にんじん…100g
きゅうり…3本
おくら…8本
にんにく(半分に切る)…中1片
ピクルス液
- 水…3カップ
- タラゴンビネガー(またはマイルドな穀物酢)…大さじ2※
- 塩…大さじ1½
- 赤唐辛子(種を除く)…小1本
- ディルシード、コリアンダーシード…各小さじ1
- 粒黒こしょう…10〜15粒

※タラゴンビネガーは生のタラゴンを漬けた酢

1 大根とにんじんは皮をむき、好みの大きさの棒状に、きゅうりは大きめの輪切り、おくらはヘタの切り口が黒くなっていれば薄く切り取り、そのままの形で使う。にんにくとともに耐熱ボウルに入れる。

2 ピクルス液の材料をアルミ製以外の鍋に入れ、2分ほど煮立てて**1**に注ぎ、野菜が浮き上がらないように重石代わりの皿をのせておく。野菜が完全に液に漬かっていない場合は、ときどき動かして液に漬ける。一晩漬ければできあがり。瓶かジッパー付き保存袋等に入れ、冷蔵庫で1週間ほど保存できるが、ピクルス液が濁ったら早めに食べきる。取り出すときは乾いた清潔な箸で。

ハーブシードは種を乾燥させたスパイス。
ピクルス液に漬かると少し柔らかくなり、刺激も和らぐので食べやすくなり
それぞれ風味や歯ごたえを味わえます。
そのままでは強くて食べられないスパイスの味を知るよい機会になります。

ハーブと
オリーブオイルが
あったから

学生時代にアメリカでディルに出合い、東京で働き始めてしばらくして、ハーブに再会。
とくに一年中フレッシュで使える常緑樹のローズマリーはわたしのお気に入りです。
後に訪れたイタリアで、最もよく使われているハーブのひとつだと知りました。
ハーブには抗菌や抗酸化、血流をよくしたり、免疫力を上げてくれるなど
健康に貢献してくれる多くの働きがあります。
その香りは料理をおいしくし、心も癒してくれるので、
毎日水をやりながら枝に触れるだけでも、
漂ってくる爽やかな香りに包まれ、身も心も安らいできます。
ハーブと同時にオリーブオイルにも魅せられ、
さまざまな香りや風味があることを知るにつれ、その深さに驚くばかりです。
ハーブもオリーブオイルも地中海沿岸地方の生まれ。
この地域の人たちは健康長寿で知られ、地中海式食事のおかげであることがわかっています。
近年、エキストラ・バージン・オリーブオイルには認知症予防効果も認められています。
今、こうして健やかに過ごせるのは、イタリアを訪れたときに
料理上手なマンマが家族のためにおいしく健康的な食事を作り
年老いても元気なノンナ（おばあちゃん）として長生きしている姿が印象的で、
わたしも早くからハーブやオリーブオイルを使う地中海式食事法を取り入れ、
実践してきたおかげだと確信しています。

ローズマリー

ローズマリーは古代ギリシャやローマ時代からすでに薬効で知られており、日本でも今やすっかり身近なハーブ。「若返りのハーブ」と呼ばれて多くの働きがあります。ハーブの健康への効果は薬としてではなく、食材のひとつとして日々とることによって、元気に導いてくれるものなのではないかと思います。ローズマリーは日本では、寒い北海道など以外は育てやすいハーブです。寒い地域にお住まいの方にはイタリアでの体験をお話ししますので、知恵を働かせてローズマリーを育ててください。北イタリアを旅していたときのこと。ローズマリーが必ず石造りの建物や古い井戸の横に植えられていて、不思議に思って聞きました。「雪がたくさん降る地域なのにローズマリーは生き残れるのですか？」「日中、石が太陽熱で熱くなり、その熱が夜も残っていて横に植えたローズマリーが生き続けられるのですよ」そういえば、わたしのパルマの石造りの家の壁の横に植えたローズマリーは、放っておいても何年も元気です。近年の研究では、ローズマリーが脳を活性化することがわかってきています。料理だけでなく、お茶にすれば毎日手軽にローズマリーを楽しめ、揚げるとオイルに香りが移り、魚や野菜をそのオイルで調理すると風味がよくなります。ぜひ、毎日ローズマリーを！

カップにローズマリーの枝を入れ、熱湯を注ぐだけでお茶に。しばらくすると香りだして色も滲出してきます。香りを吸い込めば、そのままアロマテラピーに。

生のカシューナッツをローズマリーを加えたオリーブオイルで揚げ、
少しおいてパリッとしたところをいただきます。

生カシューナッツのオリーブオイル揚げ ローズマリー風味

材料 作りやすい分量
生カシューナッツ…100g
エキストラ・バージン・オリーブ油
…小さい鍋に5㎝の高さまで
ローズマリー…5㎝の枝3〜4本
好みで塩…少々

1 小さめの鍋にオリーブ油を入れて中火で加熱し、ローズマリー1枝を加え、泡が出てゆっくり上がってくる温度になったら、残りのローズマリーを加えて素揚げにして油をきる。すぐに揚がり、揚げすぎると苦くなるので注意。
2 カシューナッツを**1**のオイルに一気に加えてかき混ぜ、少し色づき始めたら、網じゃくしなどで油をきり、ボウルに移す。フタをして上下にゆすって、余熱でナッツの中まで熱を通す。
3 薄く色がついたら、揚げたローズマリーの葉をはがしながら混ぜ入れる。好みで、塩を振る。冷めてからいただく。

ボローニャ風豚肉のミルク煮
ローズマリー風味

材料 2〜3人分

豚肩ロース塊肉（細めのもの・糸を巻いて形を整える）…1本（約400g）
牛乳…約3カップ（鍋の大きさにより決まる）
塩…約小さじ¼
ローズマリー…5cm枝を2〜3本
エキストラ・バージン・オリーブ油…少々

はじめてこの料理をボローニャで食べたとき、驚きました。牛乳で煮るだけなのにこんなにおいしくなるの！ と。味付けはほんの少量の塩とローズマリーだけ。肉のおいしさを上手に引き出したイタリア料理のすごさが詰まった逸品で、イタリアの食文化の奥深さに感動しました。白い粒は牛乳が濃縮したものですが、黄色い塊は脂なので取り除きます。

1 豚肉がちょうど入るぐらいの小鍋を温め、オリーブ油を入れて豚肉の表面をすべて焼き、それから塩を全体に振る。

2 鍋肌から牛乳を肉の高さの8分目のところまで注ぎ、ローズマリーを加えてフタをして中火で煮る。ぐつぐつしてきたら、ふきこぼれないように火力を調節し、ときどき肉を裏返しながら、焦げ付かないように煮る。

3 1時間ぐらいで煮上がるが、その間、鍋肌に牛乳の塊ができるので、ゴムべらで煮汁に戻していくと、濃厚なソースになる。途中、味をみて必要なら塩（分量外）を足す。肉に串を刺してスッと通り、赤い汁が出なければできあがり。そのまま冷ます。

4 糸を外して崩れないように好みの厚さに切る。一晩おいてから切ってもよい。

5 ソースに黄色い脂が浮いていたら取り除き、切った肉を鍋に戻す。ソースをかけながらゆっくりと温め、とろっとしたらできあがり。

作り置きして何回かに分けていただいても。
温めるときは焦がさないように注意して、
スープが少なくなったら牛乳を足すといいです。

ローリエ

原産地の地中海沿岸地方では、ローリエは勝利、栄光を表し、古くから用いられてきたハーブ。メダリストの冠がローリエなのは、ビクトリーの象徴。人生を上手に全うしたことを祝して、お葬式にも使われます。ローリエはドライでスパイスとして、また植物としては月桂樹という名前で日本に入ったため、これらが同一のものという考え方が生まれなかったようです。庭に月桂樹があっても、料理に使えることをご存じない方も多いかもしれません。もしあれば、ぜひ生葉もお使いください。ローリエの種類は多く、香りや味もさまざま。葉に手で切り込みを入れてみて香りや味を確かめ、苦味があれば三日ほど乾燥させてから使い、苦味が強い葉は、調理が済んだら取り出しましょう。わたしの庭の葉は苦味がないので生で使い、調理の後も料理に入れたままにしています。子どもの頃から実家の庭の月桂樹と育ち、母はいつも生葉を使ってカレーや煮込み料理を作っていたので、わたしにとっては家族のような植物。その香りを嗅ぐとホッとします。香りのいいローリエの生葉を使うと、料理もおいしくなり、部屋中が香りで満たされます。

庭にあるローリエの葉はとてもいい香りがします。生も乾燥と同じように使います。

ハーブミートのローリエ挟み焼き

材料 10個分

ローリエ…20枚
ハーブミート
- 豚赤身ひき肉…200g
- パン粉…5g
- パルミジャーノ・レッジャーノ（すりおろす）…大さじ2
- セージ（みじん切り）…大さじ1
- 塩…小さじ1弱

1 ハーブミートの材料をボウルに入れてよく混ぜ、10等分する。

2 ローリエの葉は洗っておき、水けをふいて表を下にして上に**1**の1個分をのせて広げ、もう1枚は表を上にして挟み、楊枝でとめる。残りも同様に作る。

3 グリルかフライパンで葉が少し焦げるまで両面を焼く。楊枝とローリエの葉を外していただく。

生のローリエの葉からは油分が出て、焼くとツヤツヤに。
ドライを使うときは、なるべく新しいもののほうが香りがいいです。

バジル

40年近く前、ジェノバでこの名物料理を食べた頃、現地ではトゥレネッテというロングパスタをペストと合わせていました。最近はトロフィエという手打ちショートパスタを使っています。このレシピで使うバジルは若い葉だけ。ジェノバに近いペスト用バジルの生産地では、強い日光が当たらないように育て、若い葉だけを使っていました。下葉や大きく育ったバジルの葉は、ハーブティーや生春巻き、魚介類の炒め物などにお使いください。このペストをトーストした石窯焼きの田舎パンにたっぷり塗るほか、オリーブオイルで焼いたお餅にのせても楽しんでいます。温かいパンやお餅にのせると温度で香りが引き出され、しかも色が変わらず美しい素晴らしい料理になります。炭水化物とペストの相性、いいですね！　来年のお正月には、まずこのお餅で新年を始めようかと心が弾みます。

保存するときは、小さな保存容器に入れて表面にラップ材をピッタリと広げ、空気が入らないようにしてフタをする。冷蔵庫で2、3日保存できる。それより長い保存はジッパー付き保存袋に薄く入れて冷凍し、割って使うと便利。

ジェノバ式
若い葉のバジルペスト

材料　作りやすい分量

バジルの若い葉（枝のまま振り洗いして水けをきり、葉だけの重さを量る）…80g
にんにくのみじん切り…小1片分
松の実のみじん切り…大さじ2
エキストラ・バージン・オリーブ油…約100ml
塩…約小さじ½
パルミジャーノ・レッジャーノ（すりおろす）…約大さじ6

1　ミキサーかフードプロセッサーにオリーブ油、にんにく、松の実を入れて滑らかにする。

2　バジルを加えて滑らかにする。うまく回転しないときは、箸で葉を動かすかオリーブ油少々(分量外)を加える。

3　塩を加えてよく混ぜ、最後にパルミジャーノを加えて滑らかにする。すぐに使える。

バジルペストトースト

トーストした好みのパンにバジルペストをたっぷりとのせる。トーストして温まったパンの上にのせると香りのよさが際立つ。

お餅のバジルペスト風味

材料 ひと口サイズ6個分
切り餅…1個
エキストラ・バージン・オリーブ油…約小さじ½
バジルペスト…適量

1 小さなフライパンを温めて中央にオリーブ油を入れ（フライパン全体に広げない）、油の上に餅をおき、上下を返しながら全体を加熱して両面をパリッと焼く。

2 まな板にアルミホイルを敷いて、その上で手早く餅を6等分にして、小さい器に1個ずつ盛り、ペストをのせる。お正月などにもおすすめ。

サフラン

サフランは高価なハーブスパイスとして知られます。花のめしべの柱頭にできる糸のようなハーブで、必ずドライにして使います。夏に球根を植えると11月頃には花が咲いた後、花1個に対して3本のサフランが採れ、乾燥させてスパイスにします。育てるのは難しくはないのですが、採れる量が少ないので希少価値が高くなります。このスープにはサフランと魚介によく合うフェンネルが欠かせません。

地中海風魚介のスープ

材料 4人分
えび…中8尾
あさり(砂出ししたもの)…約200g強
生鱈…2〜3切れ
玉ねぎ…中1個
にんにくのみじん切り…1片分
フェンネルの茎(みじん切り)…½カップ
トマトの水煮缶(400g入り)…¾缶
サフラン…小さじ¾
塩、こしょう…各少々
エキストラ・バージン・オリーブ油…大さじ3
水…7カップ

1 えびは背ワタを取り、むきやすいように殻にハサミで切り込みを入れる。あさりはよく洗い、鱈は3〜4等分に切る。

2 玉ねぎはみじん切りする。トマト缶はハサミを入れて細かく切る。

3 厚手の鍋にオリーブ油とにんにくを入れて中火にかけ、にんにくが色づく手前で玉ねぎを加えて透き通るまで炒める。フェンネルを加えてさらに2分ほど炒め、トマトを缶汁ごと加え、つぶしながら混ぜ合わせ、水を加えて強火にして20分ほどフタをしないで煮る。

4 小さい器にサフランと湯大さじ3(分量外)を入れ、スプーンでサフランを押しつぶすようにして色を出す。(写真右)

5 4をスープで洗うようにしながら鍋に加え、塩、こしょうで軽く味を調える。

6 あさりを加え、殻が開き始めたらえびと鱈を加え、火が通ったら再度味を調えてできあがり。ガーリックブレッドを添える。濃厚なだしの味が好みなら、一旦火を止めて食べる直前に加熱する。

サフランは水溶性で油には溶け出ないので、先に湯に色を十分に滲出させてからスープに加えると色がきれいにできる。

地中海沿岸地方でよく食べられているスープ。
とくに南フランス・マルセイユではブイヤベースと呼ばれることでおなじみかも。
何度か作ると慣れてきて作るのが楽しくなる料理のひとつです。

オレガノ

オレガノは日本では香りよく育たないので、イタリア産のドライを使っています。トマトとの相性が抜群。この料理はオーブンから出したては熱いので、口の中の火傷に注意して！

ミニトマトのオレガノパン粉焼き

材料 作りやすい分量
ミニトマト…20個
塩、ドライオレガノ…各少々
パン粉…適量
エキストラ・バージン・オリーブ油…適量

1 ミニトマトはヘタを取り、横半分に切る。
2 耐熱容器に切り口を上にして詰めて並べ、塩少々をパラパラと振り、上にドライオレガノをもみながら散らし、パン粉を薄く振りかける。
3 もう一度塩、ドライオレガノ、パン粉を振り、オリーブ油を丁寧にパン粉に染みる程度にかけ、180℃に熱しておいたオーブンで15〜20分焼く。

唐辛子

種類が多い唐辛子。カプサイシンは体を温めてくれます。わかめやひじきは、調理前に味をみて塩味を確かめ、塩分があればコラトゥーラの量に気をつけて！

新わかめとひじきの アーリオ・オーリオ・ペペロンチーノ

材料 作りやすい分量
ゆでた新わかめ…100g
にんにく…小½片
赤唐辛子（種を取る）…小1本
エキストラ・バージン・オリーブ油
…約大さじ1
コラトゥーラまたはナンプラー…少々

1 わかめは水けをきり、5㎝ほどの長さに切る。にんにくは粗みじん切りにする。

2 フライパンを中火で温め、オリーブ油を入れて温まったらフライパンを傾け、オイルの中ににんにくを加えて泳がせながら軽く色づくまで炒める。途中で赤唐辛子を加える。早く入れすぎると、焦げるので注意。

3 わかめを加え、手早く全体を混ぜ合わせ、温まったらコラトゥーラを加えて全体を混ぜる。

※ひじきも同量、同じ作り方で作る。その際、加熱時間を少し長くする。

ハーブサラダ

一年に何回か、ルッコラの季節になると、白い十字架花が咲くのを待って花サラダを楽しみます。ごまとクレソンを合わせたような香りのルッコラに、苦味のある野生種のルッコラセルバチカも加えてドレッシングであえると、その苦味は消えて素敵なサラダに。今日は一輪咲いたセルバチカの花も仲間入りしてにぎやか！

ルッコラセルバチカの花

ルッコラセルバチカ

ガーデンハーブサラダ

材料　2〜3人分
ルッコラ（葉と花）、
ルッコラセルバチカ…各好みの分量
パルミジャーノ・レッジャーノ（すりおろす）
…好みの分量
塩…好みで
酢、エキストラ・バージン・オリーブ油
…各少々

1 ルッコラは花と葉を別々に外し、葉とルッコラセルバチカは洗って水けを軽くきり、好みの大きさに切る。少しだけ水けが残っているほうがチーズがよく絡む。

2 ボウルに葉と半量の花を入れ、パルミジャーノ・レッジャーノを振り入れて全体にまぶす。酢とオリーブ油を回しかけて全体を混ぜる。味をみて塩が必要なら加え、最後に残るルッコラの花を散らす。

ルッコラの花

和のハーブサラダ

材料 2人分
水菜（葉のみ使う）… 2株
新玉ねぎ … 1/4個
山芋 … 5〜6cm
みょうが … 1個
細ねぎ … 1本
かいわれ大根 … 1/3パック
A 梅干し（種は外す）… 小1/2個
　コラトゥーラまたはしょう油 … 小さじ1/4
　酢、エキストラ・バージン・オリーブ油 … 各小さじ2

1 野菜は洗って水けをきる。水菜の葉は3cmの長さに切る。玉ねぎは縦にスライスする。山芋は皮をむいて細切り、みょうがとねぎは斜め細切りにする。かいわれは根を落とす。梅干しはみじん切りにして包丁でつぶす。

2 ボウルにAを入れて混ぜ、ドレッシングを作り、玉ねぎ、山芋、みょうが、ねぎを加えてよく混ぜ合わせる。最後に水菜とかいわれを加え、軽く混ぜ合わせる。

みょうがや細ねぎなど、和のハーブを加えてサラダ仕立てに。
山芋を加えるとまとまりがよくなります。

いいこと尽くめの油が オリーブオイル

地中海沿岸ではオリーブオイルを「神様からもらったオイル」と称え、とても大切にしています。

オリーブオイルは糖質の吸収を抑えることがわかってきて、炭水化物を食べるときに加えると血糖値の上昇が穏やかになるとのことです。風味があるので、使う調味料は少量でもおいしくでき、じっくり野菜を炒めると素材本来の持つおいしさを引き出してくれます。塩を少々だけで「こんなにおいしいの」と感じられるはず。

意外にも向いているのは揚げ物。「えっ!?」「高いのでもったいなくて」と思われるかもしれませんが、天ぷら等の素材は水分があり、水の沸点は１００℃、天ぷらを揚げるときの適温は約１８０℃です。オリーブオイルは揚げているものが１００℃になると中には入り込まないので、衣だけがカリッとしあがり、油もあまり減らず、食後ももたれる感じがありません。しかもエキストラ・バージン・オリーブオイルは酸化しにくいので、揚げ物に使った後の油も劣化を感じさせず調理に使うことができます。わたしは揚げ物をした後の油も2度目の揚げ物や炒め物に使います。酸化しにくい油ですが、早めに使いきりましょう。

ただ、それぞれに味も風味も個性があるので、日本のように和洋中とさまざまな料理を作ることが多いと、どの料理にも使えるオリーブオイルを選ぶのが賢明です。できれば実際に味わってみることと、生産者のはっきりしているオイルを選んでほしいです。

２０２３年はオリーブの産地が気候変動の影響で収穫が減少しました。さらに世界的な政治情勢もあり価格高騰は悩ましい限り。着色したオイルや劣悪なオイルが高値で売られているのを目にするのは痛ましい気持ちです。

モッツアレラをひとりじめ

1人分としてモッツァレラ1個。苦味や渋みがなく、香りのよいオリーブ油を好きなだけかけていただく。庭のマロウの葉を敷きました。

南イタリア・西部で水牛の乳で作るフレッシュチーズがモッツアレラ。今では、現地でも牛乳で作るのが一般的です。ナポリ近郊の村の家庭におじゃました際、日曜日に「これからできたてのモッツアレラを買いに行くよ」と、連れていってくれた小さなモッツアレラ工房。並んで買ったのですが、みんな人数分、1人分1個を買っているので驚きましたが、産地では当たり前のようでした。その後、ナポリのレストランでも、1個丸ごと出てきましたから。日曜日になるとときどき食べたくなるぜいたくな昼食——。

お餅をオリーブオイルでこんがり焼くと時間はかからず風味は加わり、
そのままでもおいしくいただけます。
我が家の人気料理は好みのトッピングをのせた磯辺巻き風。
血糖値が心配な方にもおすすめの食べ方です。

切り餅のオリーブオイル焼き

材料 餅2個分

切り餅…2個
エキストラ・バージン・オリーブ油
…約大さじ1
アンチョビフィレ
（縦に切り、2枚にする）…大1枚
ルッコラセルバチカなど
香味野菜…少々
手巻き用焼き海苔…2枚

1 小さなフライパンを温めて中央にオリーブ油を入れ（フライパン全体に広げない）、油の上に餅をおき、全体を加熱して両面をパリッと焼く。

2 器に盛り、餅の上にアンチョビとルッコラセルバチカをのせ、焼き海苔で巻いていただく。

山椒の新芽とアンチョビでご飯がこんなに魅力的に！
アンチョビを加熱用と生用に分けて使うところが斬新。
使う山椒の新芽は大きめの葉を。
ご飯はオリーブオイルでコーティングするので血糖値の上昇も緩やかです。

山椒の新芽ご飯

材料　3～4人分

米（玄米などでも）…2合
アンチョビ…細いフィレ約10枚
エキストラ・バージン・オリーブ油
…大さじ2
山椒の新芽…好みの量

1 米に水（分量外）と⅓量のアンチョビフィレを小さく切って混ぜて炊く。炊けたら、すぐにオリーブ油を混ぜ入れる。

2 残るアンチョビを5㎜角ほどに切る。早く切りすぎると酸化して色が変わりやすいので注意。山椒は葉を外す。

3 茶碗にご飯の½量を入れて平らにし、**2**のアンチョビと山椒を散らす。ご飯をのせ、もう一度アンチョビと山椒を散らす。こうすると層になって、最後までアンチョビと山椒がご飯と一緒に食べられる。

そばのオリーブオイルあえ かいわれ風味

塩とオリーブオイルで食べるとそばの風味がよくわかります。
かいわれは大根おろしと同じ風味。
長いまま使うとそばとよくからみます。

材料 2人分

そば(乾麺)…200g
塩…少々(多め)
エキストラ・バージン・オリーブ油
…約大さじ1
かいわれ大根(根を落として洗う)
…½パック

1 そばを表示通りにゆでてザルに上げ、冷水でよく洗って水けをきってボウルに入れる。

2 塩を振り、かいわれを加えて混ぜ、オリーブ油を加えてあえる。

そばをゆでたらゆで汁はそば湯に。塩やオリーブ油を加えてもおいしい。

COLUMN

エキストラ・バージン・オリーブオイルとは

エキストラ・バージン・オリーブオイルは、官能検査といって人が五感を使ってテイスティングするとともに、化学的にも分析した基準をクリアした最高品質のオイルを意味しています。オリーブ果実はその年によってできが違うので味にも違いがあるのは当然。その年に搾られたオイルをテイスターが味わって香りや味を確かめ、おいしいかどうかで判定されます。なかなか厳しい基準が設けられています。

わたしははじめてのオイルを使うとき、まずはすぐにフタを開け、手にとりオイルを味わってみます。そして、パンや豆といっしょに食べてみて使いやすいかどうか判断します。

生でそのまま使うのに向いているのがエキストラ・バージンという印象を持つ方も多いかもしれませんが、そのままでも炒め物や揚げ物に使ってもおいしいです。また、緑の色が濃いほうがおいしいオリーブオイル、と思っている方もいるかもしれませんが、それもまた違い、色には左右されないほうがよいでしょう。着色されたオリーブオイルが出回っていることがニュースになったこともありますし、必ずしも緑色が濃いものがおいしいわけではないからです。テイスターは青いグラスを使ってテイスティングしますが、色に惑わされないようにするためです。くれぐれも色には振り回されないように、ご注意ください。

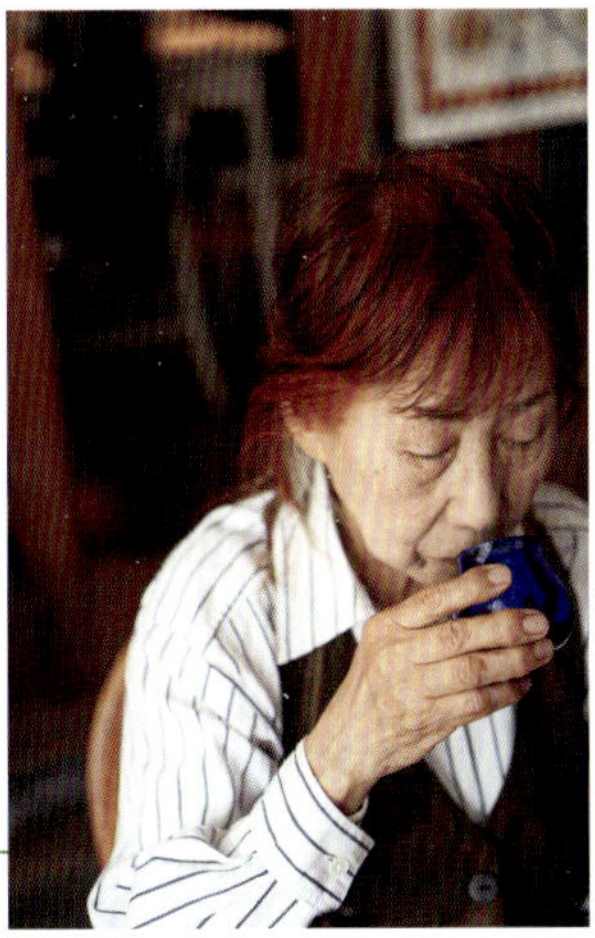

朝はいつも
パンとジャムから

朝食は冷凍してある定番の石窯パンとたっぷりのジャムが基本です。
ジャムは庭の金柑やりんごなど、
季節ごとに、そのときに手に入る果物やしょうが等々とてんさい糖で作ります。
生の果物はそんなに一度にたくさんはいただけませんが、
大きく切って甘さ控えめのジャムにすると思っているより食べられるものです。
ふだん砂糖は料理に使わないのですが、
朝だけはジャムやはちみつを摂る習慣は、おそらくイタリア式。
イタリア料理も砂糖はほとんど使わず食材の甘味を引き出すのですが、
朝食にはたっぷり甘いものを取り入れます。
わたしの体にはとてもこれが合うようで、
実践してみたら調子もよいので長年の習慣になっています。

新しょうがのジャム

新しょうがの季節に作って楽しんでいるジャム風ですが、しょうがにはペクチンがないのでトロッとしないジャムです。イタリアで見つけたペクチンなしのジャム風が好きで、水分がほとんどなくなるまで煮詰めます。とろみがほしい場合は、水を少し多くして加熱時間を長くし、必要ならてんさい糖を少し加えながら煮詰めると、色は黒味を帯びますが一般的なジャムらしくしあがります。できたては辛味が強いことがあり、だんだんとまろやかになります。糖分が控えめなので、調理に使っても便利です。

材料　作りやすい分量

新しょうが…200g
てんさい糖…60g
水…150㎖

1　しょうがは洗って汚れを取り、皮ごと薄く切ってから細切りにする。

2　ミキサーかフードプロセッサーに入れ、水半量加えてピューレ状にする。

3　鍋に入れ、てんさい糖の半量と残る水を加え、最初は強火で沸騰したら弱めの中火にして、ゆっくりと煮る。途中で甘味を確かめ、好みで残るてんさい糖を加え水分がほとんどなくなるまで煮る。瓶に入れて冷蔵し、開封したら1か月をめどに使いきる。

バナナスプレッド

トーストしたパンに食べ頃のバナナをのせ、フォークで上からつぶしていく。全体に広がったらシナモンパウダーを振りかける。

紅玉りんごのプリザーブ ローズゼラニウム風味

皮と実は別々に煮てから合わせるので、紅玉の赤い色がいかされた美しいプリザーブになります。皮の近くに多いポリフェノールも無駄なく使います。最後にバラに似た香りを放つ、ローズゼラニウムの葉で香りづけをします。長期保存には向かないので、なるべく早めに食べきります。

かわいいピンクの花が咲くローズゼラニウムは虫除けにも使われ、観賞用に育てている方も多いかもしれません。花はドリンクの飾りなどに使われますが、香りが強いのは花よりも葉。ただ、葉は渋みが強いので料理に使うときは、香りを移したら取り出します。

材料 作りやすい分量

紅玉りんご…500g
てんさい糖…100g
ローズゼラニウムの葉…大2〜3枚

1 りんごは皮と芯を取り、別にしておく。果肉は火が通りやすいように切り、アルミ製以外の鍋に入れる。

2 別のアルミ製以外の鍋に皮と芯と種を入れ、かぶる程度の水（分量外）を加えて強火で、沸騰したらやや火を弱くして柔らかくなるまで15分ほど煮る。

3 2を裏ごしして1の鍋に加える。残った皮や芯や種は取り除く。

4 かぶる程度の水分がない場合は、水（分量外）を足して中火で煮る。

5 十分柔らかくなったらてんさい糖を加え、りんごを木べらやスプーンでつぶしながら、とろみがつくまで5分ほど煮る。

6 火を止めた直後、ローズゼラニウムの葉をジャムに埋め込み、香りをつける。冷めたら、ゼラニウムは取り出す。冷蔵して早めに食べきる。

青い金柑のマルメラータ

マルメラータはイタリア語でマーマレードのこと。金柑の収穫時期が来ると、生の果物のような感覚で食べたいので、ザクザクと大きめに切って作ります。糖分は控えめで、金柑とてんさい糖と水だけで作り、たまにハーブが入ることもあります。

金柑は緑から黄色になる直前までが最もペクチンが多く、熟すとペクチンは少なくなります。庭に2本の金柑の木があるのですが、色づき始めたかな？　というタイミングで収穫して作ります。ペクチンが豊富だと砂糖が少なめでもトロッとできます。

材料　作りやすい分量

金柑…500g

てんさい糖…100g

1 金柑はヘタを切り落とし、5㎜ほどの厚さの輪切りにし、アルミ製以外の鍋に入れる。種とヘタは別にしておく。

※長期に保存する場合は、煮沸しておいた瓶に9分目までジャムを入れてフタをして、鍋の底から瓶の9分目までの湯で20分沸騰させて煮沸する。開封したら2週間ほどで使いきる。

2 種とヘタを別の小さいアルミ製以外の鍋に入れる。材料の上2㎝ほどのところまで水（分量外）を入れ、10分ほど煮るとトロッとしたペクチン水ができる。

3 1の金柑の鍋に2を茶こしなどでこしながら加える。これを2、3回くり返す。ペクチン水をすべて加える。

4 金柑がかぶる程度の水分がなければ水（分量外）を足し、てんさい糖を加えて弱めの中火でフタをしないで煮る。焦げ付かないようにときどきかき混ぜ、トロッとしてきたら、味をみて好みでてんさい糖（分量外）を加え、さらに煮る。

パンを切らしているとき、アメリカ留学時代を思い出しながら素朴なアーリーアメリカンタイプのパンケーキを焼きます。これにははちみつが欠かせませんが、イタリアではちみつはハーブ薬局で売られていて、かつて薬だったことがうかがえます。わたしの一番好きなはちみつは、パルマの家々でよく見かける菩提樹（リンデンバウム）のはちみつ。イタリアに行くと、ついたくさん買って帰ります。ローズマリーの花をパンケーキに飾り、スパイスたっぷり濃いめのミルクティーといっしょにいただくと、香りが朝の体を目覚めさせてくれるのを感じます。

ローズマリーは花もおいしい。花の奥のところに蜜があり、甘くやさしい香りも立つので、ぜひ料理にも使ってください。

アーリーアメリカン・パンケーキ

材料 直径17cmのフライパン1枚分

A
- 薄力粉（振るっておく）…½カップ
- 重曹…小さじ¼
- 砂糖…小さじ1

B
- 溶き卵…小1個分
- 牛乳…¾カップ
- ヨーグルト（よく混ぜる）…大さじ2〜3
- エキストラ・バージン・オリーブ油…大さじ1

はちみつ…適量

1 AとBをそれぞれ別のボウルに入れ、それぞれよく混ぜ合わせる。

2 AにBを振りかけるように加え、手早く混ぜ合わせる。

3 小さめのフライパンを温め、オリーブ油（分量外）を全体に塗って、温まったら**2**を流し入れる。フタをして弱めの中火で6分ほど焼き、裏返したら3分ほど焼く。

4 竹串を刺して中まで火が通っていたら器に盛り、はちみつを塗り、ローズマリーの花が咲いているときは散らす。

スパイシーミルクティー

材料（カップ2杯分）
- スパイス（クローブ6個、カルダモン5個、シナモン少々、ターメリック少々）※
- 水…250㎖
- 牛乳…200㎖
- 紅茶…ティースプーン山盛り2杯

※クローブとカルダモンは必ず入れるけれど好みのスパイスでもよい。

1 スパイスをすり鉢に入れて砕く。メキシコで買ったサルサ用の鉢を使っていますが、すり鉢ならなんでもよい。

2 鍋に**1**を入れ、水を加える。

3 5分ほど煮立てたら紅茶を加える。

4 色が出たら牛乳を加えて沸騰寸前で火を止め、フタをして少し蒸らす。茶こしでこしてカップへ注ぐ。

近代の添加物ベーキングパウダーは避けて重曹を使います。
酸性のものを一緒に使うと重曹の働きが活発になるので、牛乳の半分をヨーグルトにします。

水きりヨーグルトを楽しむ

ヨーグルトを一晩、水きりして作ります。水きりヨーグルトは、脂質とたんぱく質がヨーグルトの2倍になります。

材料 作りやすい分量
プレーンヨーグルト（生乳使用）…1パック（400㎖）

1 コーヒードリッパーにフィルターをセットしてマグなどの上にのせ、ヨーグルトを入れる。中央が山状になるくらい入れても、しばらくすると凹んでくるので大丈夫。

2 ラップをふんわりとかけて一晩常温か、暑い時季は冷蔵庫に入れて水きりする。

ディル風味

材料 水きりヨーグルト1個分
水きりしたヨーグルト…1個※
ディル（5㎜のみじん切り）
…約大さじ1½

※このレシピの水きりヨーグルトを作るときは、塩小さじ¾を加え、混ぜてからフィルターに入れて水きりする。

1 水きりヨーグルトにディルを混ぜ入れ、太鼓形に形を整え、ペーパータオルなどで包んでさらに水分を除く。

2 水分がなくなり好みの硬さになったら、ラップに包んで冷蔵庫で1〜2日寝かすと、フレッシュチーズに似た味になる。黒パンなどと一緒に。

スイートスプレッド

材料 水きりヨーグルト1個分
水きりヨーグルト…1個
はちみつ…大さじ1
干しぶどう（みじん切り）、
くるみ（みじん切り）
…各大さじ2〜2½
食パン（薄く切る）…適量

1 水きりヨーグルトにはちみつを加え、全体によく混ぜる。干しぶどうとくるみを加えてよく混ぜる。

2 食パンの耳を切り落とし、ラップに挟んで上からめん棒で軽くのばす。少し薄くなったら、ラップを広げて上にパンをのせて**1**のスプレッドをたっぷり塗る。

3 ラップごとロール菓子のように巻いて包み、冷蔵庫で冷やし固める。食べる際に好みの厚さに切る。

はちみつを加えているのでスイーツとして楽しめます。
にんにくやハーブを混ぜたり、
いろいろなオリジナルのレシピを見つけてください。

青魚を
よく食べます

海からは遠い京都にいた頃は、
生の魚を食べるということはほとんどありませんでした。
それがまさか海のそばに住むとは思ってもいなかったのですが、
50年前、東京の空気が排気ガスだらけで脱出を考え、
縁あって鎌倉の稲村ケ崎に家を構えることになりました。
相模湾で獲れる魚は新鮮で、親しくなった魚屋さんから
さばき方や食べ方をずいぶん教えてもらいました。
とくにしらすや鯵、鰯は相模湾の名産。
日常的に食卓に並びます。
しかもハーブとの相性もとてもよいので
自然と地中海式の食事の実践にさらに近づくことになりました。
いってみれば地中海式食事法 in Japan でしょうか。
不足しがちといわれるオメガ3脂肪酸がたっぷりの青魚。
焼いてしまってはその脂を落としてしまうことになります。
なによりおいしくいただけるように、と調理法にも思いが巡ります。

マリネ鯖のオリーブオイル焼き ローリエ風味

京都生まれなので生鯖を食べる習慣がなく、よく酢でマリネしてから調理します。ローリエを使うときは、葉に少し切り込みを入れると香りが出やすくなります。魚を焼くときにローリエを加えると、部屋に魚のにおいが充満することもなく、調理中もよい香りが漂います。もちろん、しあがりもおいしくなります。

材料　鯖半身分

鯖…小半身
塩…小さじ¼
穀物酢…大さじ1
ローリエ（生または乾燥）…2枚
小麦粉…適量
エキストラ・バージン・オリーブ油…大さじ2

1 鯖は半分に切ってアルミ製以外のバットに入れ、両面に塩を振り、30分ほどおく。

2 酢の半量を上から振りかけ、裏返して残る酢を振りかける。

3 香りが出やすくするため、ローリエに3か所ほど切り目を入れる。

4 ローリエを鯖の下に敷き、何回か裏返して30分ほどおく。

5 小麦粉を茶こしでこしながらローリエと鯖の両面に振り、手で押してなじませる。

6 中火でフライパンを温めてオリーブ油を入れ、熱くなったらローリエを入れて香りを出し、裏返したら焦げないうちに取り出す。

7 鯖の皮側を下にして焼き、裏返して焼きあげる。

マリネして酸味が入ると風味が軽くなります。
塩分がカットできてソースや調味料は必要なく、
しょう油なしでもおいしく感じられます。

鰯のオリーブオイル焼き フェンネル風味

南イタリアで鰯といえば使うハーブはフェンネル。春になると野原に採りに出かけます。日本人も大好きな鰯にフェンネルをはり付けてオリーブオイルで焼くと、魚のにおいは部屋に残さず、軽くて春らしく焼き上がります。

材料 作りやすい分量

鰯…中2尾（または小4尾）
塩…少々
フェンネルの葉（5㎜の粗みじん切り）…約大さじ2
エキストラ・バージン・オリーブ油…約大さじ1
レモン…少々

1 鰯は頭を落とし、腹を開いてワタ、骨、背びれを除き、洗ってペーパータオルで水けをふく。

2 全体に軽く塩をしてフェンネルの葉を振りかけ、オリーブ油少々（分量外）をつけながら手ではり付けるようになじませる。

3 フライパンを熱し、オリーブ油を加えて熱くなったら**2**を腹側から焼き、裏返して背側もパリッと焼く。好みでこしょう（分量外）を振っても。器に盛り、レモンを添える。

地中海風鯵のたたき

25年ほど前、イタリアの海辺で魚のカルパッチョを食べて感動！　以来、お刺身はオリーブオイル、コラトゥーラ、レモンで楽しんでいます。しょう油とわさびより魚の持つデリケートなおいしさを感じられるように思います。

材料　作りやすい分量

鯵…中2尾
コラトゥーラ…少々
イタリアンパセリ(みじん切り)またはパクチー…小さじ1
レモンの搾り汁、レモンの皮…各少々
エキストラ・バージン・オリーブ油…小さじ2〜3

1　鯵は3枚におろして皮を除き、縦に2〜3枚に切ってから横にして5㎜幅程度に切る。

2　ボウルに入れ、コラトゥーラとレモン汁をかけ、最後にオリーブ油を回しかけて軽く全体を混ぜ合わせる。イタリアンパセリを混ぜ入れるか盛り付けてから上に散らし、レモンの皮をすりおろしながら振る。

しらすのカルパッチョ

釜揚げしらすは水分を多く含んでいるので、レモンやオリーブオイルを前もってかけておくと水分が出ておいしくできません。食べる直前に作るのが美味。乾燥したしらすを使うときは、逆にレモン汁等を先にかけておきます。

材料 作りやすい分量
釜揚げしらす…100g
エキストラ・バージン・オリーブ油、レモンの搾り汁、レモンの皮
…各少々
ケーパー…好みの数

1 しらすの塩味を確かめて必要なら塩（分量外）を振って軽く混ぜ、続いてレモン汁、オリーブ油を回しかけてサッと混ぜる。

2 皿に盛り、レモンの皮をおろしながらかけ、ケーパーをところどころ散らす。好みでこしょう（分量外）を振っても。トーストしたパンを添えるか、ブルスケッタ（カナッペ）にしていただく。

鰹の洋風たたき ディル風味

香りのいいにんにくと新鮮なディルさえあれば、いつもの鰹がまた別のおいしさに。ディルは地中海地方ではあまり使わず、北欧などでサーモンと合わせたり漬物に加えます。姿がフェンネルとよく似ていますが、香りも味も違います。

材料 4人分

鰹刺身用…1節
にんにくのすりおろし…中1片分
塩…少々
ディル(粗みじん切り)…約大さじ3
エキストラ・バージン・オリーブ油
…大さじ1弱
ソース
エキストラ・バージン・オリーブ油
…大さじ2
コラトゥーラまたはしょう油…少々

1 鰹は水けをキッチンペーパーでふき取り、にんにくを全体にまぶす。オリーブ油を全体に塗り、15分〜30分おいてから、塩とディルを軽くまぶし、全体を押さえる。

2 フライパンを熱し、オリーブ油(分量外)を薄く伸ばし、**1**をのせる。軽く焼き目がついたら、全ての面も同様に軽く焼き目をつけ、取り出して冷蔵庫などでサッと冷やす。

3 よく切れる包丁を濡らすかオリーブ油を軽くつけて好みの厚さに切る。焼けた部分は崩れやすいので注意。

4 ソースは小さい器にオリーブ油を入れてからコラトゥーラを中央に入れる。鰹全体につけていただく。

庭に続くパティオと呼んでいる土間が、冬が近づくとハーブの乾燥部屋になります。硬い茎を刈り、室内で乾燥させてからハーブチップにして燻すと、よい香りの燻製ができます。とくにフェンネルのチップで燻すと火もちがとてもいいです。長期保存の燻製ではありませんが、ハーブを楽しむ調理のひとつ。残った灰は、肥料に。庭のハーブは最後まで役立ってくれます。

鰯のハーブ燻製

材料 作りやすい分量

鰯（3枚おろし）…大4尾（または小5尾）

A
- 塩…小さじ1
- グラニュー糖…小さじ2
- 黒こしょう（挽きたて）…小さじ¼

B
- 燻製用ドライハーブチップ …1カップ強
  （乾燥したローズマリー、フェンネルの茎、ラベンダーの花と茎、燃えやすいハーブの葉、種など1cmぐらいに切る）

1 Aを混ぜる。鰯は水けをふき、両面にAをまんべんなく振りかけ、手で軽く押さえたら15〜20分おく。

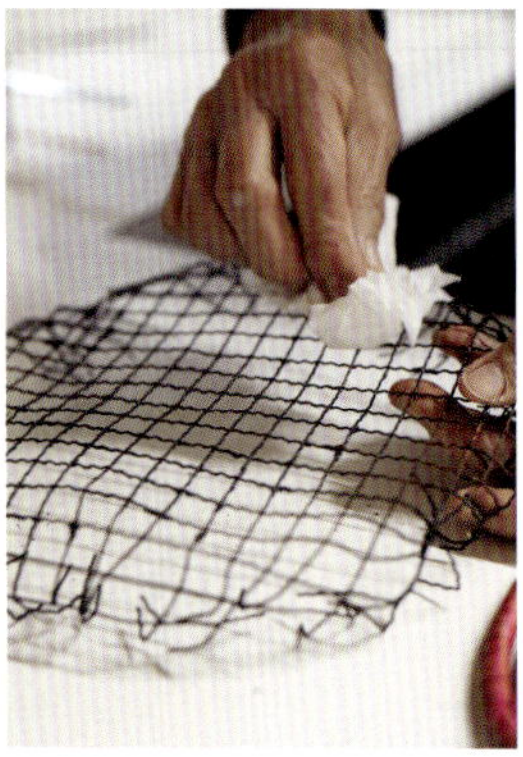

2 中華鍋のフタの内側にアルミホイルをはり付け、煙でヤニがつくのを防ぐ。金網にはオリーブ油（分量外）を塗っておく。

3 中華鍋を中火にかけて温まったら、中央にチップを半量広げ、上に金網をのせる。鍋の底から網は3cmほど上にくると煙が回りやすくなる。

4 鰯の両面の水けを軽くふき、皮を上にして間隔を少しあけて網にのせる。フタをして強めの中火にする。5分ほどしたらフタを開けて煙が出ているのを確かめ、必要なら残るチップを加える。煙が出すぎたら火を弱める。

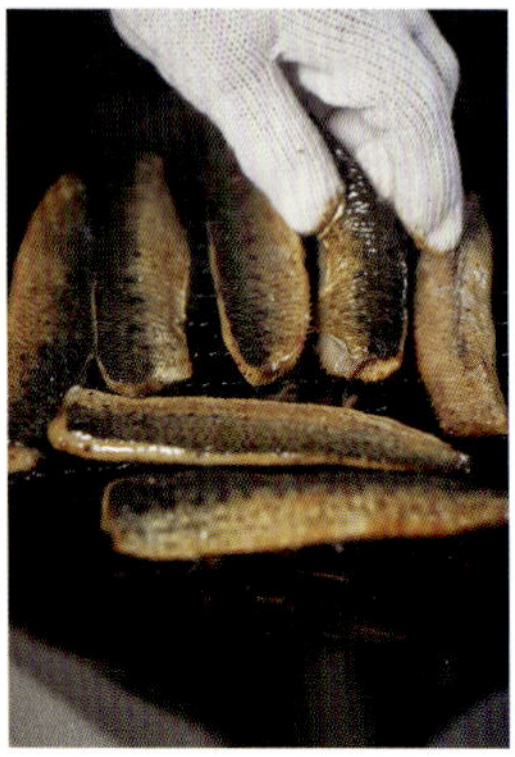

5 3分ほどして表面が茶色くなっていれば、裏返してフタをして5分ほど、火が通ったらできあがり。火傷しないように軍手をするとよい。

6 ペーパータオルを敷いた皿に崩れないように移して冷ます。冷蔵で2、3日保存できる。

鰯のハーブ燻製サラダ

好みの野菜でグリーンサラダを作り、鰯の燻製を食べやすく切って散らす。燻製は味が濃いので塩は加えず、オリーブ油と酢であえるだけでも満足できる。

乾燥させたハーブは切っておきます。あまり細かくしないで、1㎝ほどに。寒い日には鍋にお湯を沸かしてハーブチップを入れると芳香浴も楽しめます。

燻製に使ったハーブチップは、庭の土と混ぜて肥料として自然に返します。

鮪とアボカドのサラダ

アボカドとハラペーニョの原産地はメキシコ。今回は鮪と一緒に庭のアボカドの葉にのって登場。ハラペーニョのピリッとした刺激と爽やかな香りがメキシコへと誘います。ハラペーニョは冷凍保存できます。

材料 作りやすい分量

鮪の刺身用…1柵（約250g）
アボカド…中1個
ハラペーニョ（種を除いてみじん切り）…小⅓個
塩、レモンの搾り汁…各少々
エキストラ・バージン・オリーブ油…約小さじ2
パクチー（茎はみじん切り、葉はざく切り）…適量

1 鮪は柵のまま軽く塩をしてしばらくおき、1cm角に切る。

2 アボカドは縦半分に種までぐるっと包丁を入れ、両手で持ってねじるようにして2つに分けて種を除き、鮪と同様にさいの目切りにして塩を振る。

3 **1**と**2**を合わせ、ハラペーニョを散らしてレモン汁を回しかけ、オリーブ油もかけて軽く混ぜる。最後にパクチーを振り入れて軽く混ぜる。

［コラトゥーラ］

コラトゥーラはイタリアの魚醤のことで昔はガルムと呼ばれ、ポンペイの遺跡にも工場跡が残っています。小魚に塩をして甕《かめ》に入れて熟成発酵させて作る液体のことでした。最近は特殊な方法で鰯に塩をして熟成発酵させ、濾過して（イタリア語でコラーレ）作るのでコラトゥーラと呼ばれています。

わたしが使っているのは、シチリアのスカーリアさんの商品。彼の工場には、何回か訪れて材料の片口鰯が到着するところから、工場内での作業も見学しました。また、出た汚水を真水にして返す設備も整えたとも聞きました。ですからスカーリアさんの商品は、環境にも優しい食品です。

さて、コラトゥーラを使うとき注意すべきは、凝縮したうま味と塩分が特徴なので使いすぎないこと。お刺身もコラトゥーラとオリーブオイルでいただいてみて。これまで味わったことがない魚のおいしさを発見できます。

［アンチョビ］

アンチョビとコラトゥーラは材料が同じで鰯と塩で作りますが、違うのは作り方。アンチョビは、発酵した鰯のフィレをそのままの形でいただきます。購入するときに瓶の外から品物の良し悪しを見分けましょう。フィレの色が赤く、しかも形をしっかりとどめていれば大丈夫。さらに、フタに貼ったラベルにスカーリアの名前が書かれていることを確かめて。アンチョビはどこの会社も同じ瓶を使っているので、フタのラベルで見分けます。アンチョビはそのまま小さく切って塩辛のようにも楽しめますし、パスタはもちろんご飯を炊くときに加えてもおいしいし、お餅にのせていただくレシピ（54ページ）も今回ご紹介しました。味が強いので、ルッコラやわさび菜などの強い香りの野菜と一緒にどうぞ。

昔、祖母が「体は冷やしちゃだめよ」と口癖のように言ってくれたのを、今やっと実感しています。

ととのう
養生レシピ

なんだか体調がいまひとつ……というときは、
まずは白湯を飲んで体を中から温めたら、ハーブの料理をいただきます。
多くのハーブには抗菌、抗酸化作用に加え、消化促進や健胃作用などがあります。
だからこそ、体調を崩したときにはハーブが助けてくれます。
それにハーブを使って調理をしていると、
そのアロマ効果で鼻の通りがスッとよくなることもあるので、
風邪をひいたら積極的にハーブ料理を作ります。
そして、オリーブオイルもハーブのひとつ、がわたしの自論。
オリーブオイルは、地中海沿岸では血行をよくしたりおなかにもいいといわれています。
あるとき、パルミジャーノ・レッジャーノを作るための乳牛を育てている農家の人が、
おなかをこわした牛に薬を飲ませるわけにいかないので、
代わりにオリーブオイルを与えている場面に出合ったこともあります。
日本ではおなかの調子が悪いときは油分は極力摂らないようにしますが、
オリーブオイルは日本の食用油とは体への働きかけが違うので、
分量によっては、むしろ調子がととのってくることもあるのです。

オリーブオイルご飯

食べて驚くのは、日本のおかゆとは全く違う味。イタリアの友人は胃腸がすぐれないときは、柔らかいご飯を炊いて、オリーブオイルをかけて食べるそうです。食べ物の消化や吸収を促進する油と言われているからでしょう。

材料 作りやすい分量
米…70g
エキストラ・バージン・オリーブ油
…小さじ2
水…400㎖
塩…少々

1 小さな鍋を温めてオリーブ油を入れ、全体に広げたら洗った米を加えて、軽く炒める。米に油が回ったら塩と水を加えてフタをし、最初は強火で沸騰したら弱めの中火で、吹きこぼれないように注意しながらゆっくりと煮る。
2 ときどきチェックして好みの硬さ、濃度のお粥状になるまで煮る。器に盛り、好みでオリーブ油（分量外）を回しかける。

鶏手羽中の西洋薬膳スープ

季節を問わず、体の芯を温めるのにおすすめスープ。鶏のコラーゲンたっぷりでコクもある部位を、抗菌、血行促進などの薬効が多いレモングラスなどを使って煮込んだ我が家の名物料理。ストウブ鍋で煮ると鶏が煮くずれしません。

材料 鶏手羽中10本分

鶏手羽中…10本
レモングラスの根元の太い茎
…約20㎝1本
レモングラスの葉…約30㎝4本※
しょうがの粗みじん切り…大1片分
パクチーの根…2〜3本
ハラペーニョ…中½個
こぶみかんの葉（あれば）…2枚
レモンの搾り汁…大さじ2
水…1.8ℓ
コラトゥーラ（あれば）…大さじ1
塩または薄口しょう油…適量
パクチーの葉…適量
※葉は束ねて輪に結び、取り出しやすくする。

1 鶏手羽中をよく洗い、大きめの鍋に入れて水、めん棒などでたたいて香りが出やすくしたレモングラスの茎と結んだ葉、しょうが、パクチーの根、種を除いたハラペーニョ、こぶみかんの葉を加え、フタをして強めの中火で沸騰させる。

2 アクが浮いてきたら取り除き、中火で40分ほど煮る。

3 鶏肉以外の材料を取り除き、レモン汁とコラトゥーラと必要なら塩か薄口しょう油少々で味を調え、さらに20分ほど煮る。途中、アクや脂が浮いたら取り除く。器に盛り、パクチーの葉を添える。

調味料をほとんど入れず、だしも使わないからこそ、かぶのほのかな香りや甘味が感じられる簡単スープ。これこそ引き算料理の代表。かぶのおいしさに驚き！　胃腸もととのえるので食べ過ぎやおなかの冷えにも向きます。

かぶのスープ

材料　作りやすい分量　約3人分
かぶ…4個（500g）
塩…ひとつまみ
エキストラ・バージン・オリーブ油…小さじ2
水…適量

1 かぶは皮のまま使うが根と葉の根元の硬いところは取り除き、白くてきれいなところのみ使う。十字に4等分に切る。
2 かぶがやっと入るくらいの鍋にかぶが隠れるほどの水を入れ、塩とオリーブ油を加えてフタをして中火で煮る。途中、水が足りなければ少し足す。
3 かぶに竹串を刺してスッと通ったら、火を止めて粗熱をとる。
4 ミキサーにかぶと煮汁を入れ、クリーム状にする。鍋に戻し、温めていただく。好みでオリーブ油（分量外）を回しかける。

モロッコ風 ミントティー

わたしがモロッコに行ったラマダンあけの朝、市場にはミントが山積み。心身をリフレッシュして胃腸の働きを促進するミントは、断食していたイスラム教徒たちの胃袋をやさしく目覚めさせます。

材料 1人分

スペアミントまたはペパーミント
…15㎝1本または小さい枝4本
緑茶…好みの量
砂糖…小さじ1程度

湯（分量外）を沸かし、ティーポットなどに湯と砂糖を入れて溶けたら、緑茶の葉を入れて甘い緑茶を作る。カップにミントを入れ、緑茶を注ぐ。

季節を待って

その季節だからおいしい、というものがあります。
季節感がなくなりつつあるとはいわれる昨今ですが、
やっぱり旬のものはあるし、季節の食卓は楽しく豊かなものになります。
春は山菜や芽吹いたばかりのハーブの若芽や花を「待っていました」と楽しみ、
夏は真っ赤なトマトや青々しいハーブを存分に味わう。
秋は冬に向けて体を作るようなものを食べたくなるものですし、
冬のレモンは眺めてよし、食べてよし、
黄色くなったレモンを収穫したら
保存食作りに追われるのもどこか楽しいものです。
巡る季節を食事とともに味わうのは
今となればぜいたくなことになりつつあるのかもしれません。
季節を待って、「さあ作ろう！」と腕まくりです。

春 Spring

ハーブと山菜の天ぷら

早春の山菜やハーブの新芽は、この季節だけのお楽しみの味です。

春になって山菜が出回る頃、庭のハーブも芽を出し始めます。若い芽や春にしか味わえない山菜を天ぷらにしていただくと、はっきりと季節が変わっていくのを感じます。天ぷらもオリーブオイルで揚げますが、小さい鍋で少量のオイルでひとり分、カリッと軽いしあがりになります。ひとり分は面倒などと思わず小さい鍋でぜひ楽しんで！　オリーブオイルは酸化しにくい油なので、天ぷらをした後、もう一度天ぷらに使ったり、炒め物やパンにつけてすべて使いきります。ハーブの香りが移っているオイルもまた、おいしいものです。ただ、苦みが強いオリーブオイルは、苦い天ぷらになってしまうので揚げ物には不向きです。

材料　お好みで

フェンネルの葉（半分の長さに切る）…15㎝2枚
ボリジの葉…小4枚
ローズマリーの枝先（柔らかい茎の部分）…4本
山菜（タラの芽、こごみ、うど、ゼンマイ等）…適量
エキストラ・バージン・オリーブ油…適量
衣（作りやすい分量）
　小麦粉…½カップ
　重曹…小さじ⅓
　水…適量

1 ハーブと山菜は洗って水けをふく。タラの芽は、汚れを切り落とす。

2 ボウルに小麦粉と重曹を入れて混ぜ、水を加えて好みの濃度の衣にする。

3 小さな鍋でオリーブ油を熱し、衣少々を落としてすぐ浮き上がってくるようなら具材に衣をつけて揚げる。衣はつけすぎないようにする。

ボリジは春一番に芽を出し、北イタリアでは春を告げるハーブのひとつです。
ローズマリーも枝の先の芽の部分を天ぷらにするとサクッと美味。
塩でいただく前に、まずはそのまま、ハーブや山菜の香りを楽しみます。

ハーブの花ずし

すし飯に砂糖は加えず、紫玉ねぎを酢で漬けた「玉ねぎビネガー」とオリーブオイルを加えるのがわたし流。一般的には、すし飯は砂糖が使われるので血糖値が上がりやすい料理ですが、オリーブオイルがお米を包むと上がり方を穏やかにしてくれます。ハーブの花は、味や風味は花びらになく、ガクの部分にあります。大きめの花は、2つに切り分け、できるだけ多くの方に味わっていただきましょう。

砂糖なし オリーブオイル すし飯

材料 4人分

米…2合

変わりすし酢

- 紫玉ねぎ（5〜6㎜角に切る）…大さじ4
- 塩…小さじ¾
- 酢、エキストラ・バージン・オリーブ油…各大さじ2

1 オリーブ油以外のすし酢の材料をよく混ぜ合わせて20分ほどおいてから、オリーブ油を加えてよく混ぜる。

2 米に水（分量外）を加えて硬めに炊いて、すぐボウルに移し、**1**を回しかけながら、切るようにして手早く混ぜる。ときどき上下を返して冷ます。

ハーブの花ずし

材料 4人分

オリーブオイルすし飯…1レシピ分（4人分）

具

- 松の実、ケイパー…各大さじ1½
- ルッコラの茎と花、ボリジの花、ローズマリーの花、ナスタチウムの花…各好みの分量

1 松の実とケイパーは粗みじんに切ってすし飯に混ぜ入れる。

2 器に盛り、上にハーブの花を飾る。花の茎も小さめに切って加える。ナスタチウムだけは、花びらの下部の膨らんだところにわさびのような辛味があるので、そこで縦半分に切ってから飾る。

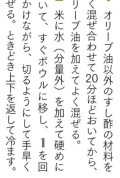

春先にハーブの花が咲き始めたら、花を使ったおすしを作ります。
来客のときに作ると「わっ‼」と歓声とともに喜んでもらえて。
自然ほど美しいものはないな、と思える料理です。

トマトのガスパチョ

ガスパチョは南スペインの料理、暑い夏の栄養源です。セロリなどの青野菜を入れることもありますが、わたしはトマトだけで作り、浮き実にきゅうりや玉ねぎを入れて歯ごたえや爽やかさを加えています。にんにくはくさみを失い、ピリッとした辛さになって唐辛子やこしょうの代わりになっています。この料理で大切なのは、よく熟れたトマトを選ぶこと。トマトの皮が硬いときは皮をむいてから作ってください。

材料 4～5人分

トマト…4～5個（約600g）
にんにくのみじん切り…½片分
厚めの食パン（耳は除き、ちぎっておく）…1枚
塩…約小さじ½
エキストラ・バージン・オリーブ油…大さじ2
水…¼～½カップ
浮き実
- きゅうり…小1本
- 新玉ねぎ…¼個

1 トマトは皮が硬ければむき、ミキサーにかけやすい大きさに切る。浮き実のきゅうりと玉ねぎは5㎜角に切り、別々に器に入れておく。

2 浮き実以外の材料をミキサーにかけて滑らかにし、濃度と塩味を調えて冷蔵庫で冷やす。30分ほどおくと味がなじむ。

3 各自、好みの浮き実を入れていただく。

瓶などに入れて冷蔵すれば2日ほど保存できる。パスタとあえても。

多めに作ってスープでいただいた翌日には素麺にかけて。
バジルは金属製の包丁で切ると
切り口が早く黒くなることがあるので、
なるべく手でちぎって使います。

ガスパチョ素麺

材料 2人分

素麺… 1.5束（150g）
ガスパチョ… 好みの分量
バジル… 少々

1 素麺は表示通りにゆでて水けをきる。

2 器にガスパチョを少し入れて素麺を入れ、上からもガスパチョをかけ、バジルを手でちぎって散らす。

30年ほど前、はじめてベトナムに行ったとき香りの強い野菜や肉を合わせて、甘くて辛くて酸っぱいソースで食べるこの料理にハマりました。単独では食べられないクセの強いハーブも仲間と一緒になるとバランスよく、おいしくいただけることを知りました。しかも、見かけもとても美しい料理で、すぐにでも作ってみたかった思い出のひと品。ただ美しくしあげられたのは、ライスペーパーが米粉でできていて腰があったからです。最近はタピオカ粉を使っているせいか、ネバネバしていてなかなか美しくしあがりません。

ベトナム風生春巻き

お客様のときは材料をテーブルに並べて手巻き風に、「ご自分でお好きなようにお作りください」と作る喜びも味わっていただく料理にします。

材料 小6本分

豚赤身しゃぶしゃぶ用肉…約150g
えび…小6尾
ライスペーパー…小6枚
スペアミント、青じそ、バジル、ベトナムどくだみ…各6枚
パクチー（枝先5㎝）…6本
サニーレタス（またはグリーンカール）…大3～4枚
素麺…½～1束

1 湯（分量外）を沸かして豚肉をゆで、6等分する。えびも同じ湯でゆでて殻をむき、縦に薄く半分にして背わたを取る。素麺はバラバラにならないよう端をゴムバンドで結わえてゆで、水にとって冷まし、ゴムバンドの下で素麺を切り、6等分する。

2 ハーブと野菜は洗って水けをきる。すべての材料は6等分する。

3 バットなどに水をはり、ライスペーパーを入れてほとんど柔らかくなったら皿に広げ、すべての具材を入れて花束の要領で包む。

4 ヌックチャムソース（下記参照）をつけていただく。

ベトナムでは、生春巻きは甘いソースで食べることが多いようですが、わたしは、このソースのほうが好きです。また、毎日の料理に砂糖は滅多に使わないのですが、東南アジアの料理には、伝統に従って加えています。

ヌックチャムソース

材料 作りやすい分量

赤唐辛子（種を取り輪切り）…1～2本分
にんにく（包丁の背で軽くつぶして3～4個に切る）…小1片分
にんじん（薄く小さいいちょう切り）…約3～4枚
ナンプラー（またはヌクマム）…大さじ3
レモンの搾り汁、水…各大さじ1
てんさい糖または砂糖…小さじ1½

材料をよく混ぜ合わせて最低15分おく。

野菜や肉、素麺も入れるのでひとりのときはこれで食事になります。
個性の強いハーブ同士が不思議とおいしいコラボレーションを奏でます。

秋 autumn

ワインで知られるイタリアのピエモンテ州の名物料理バーニャ・カウダ。かつて秋になると農家の人たちがぶどう畑にソースを持っていき、焚き火で温めながら野菜やパンにつけて食べたといいます。ソースを作るときは、にんにくを焦がさないよう何回か火を消しては点けを繰り返し、十分柔らかくなるまで火を入れます。にんにくをつぶすときはフォークやスプーンを使うとできあがりが滑らかで優しい味に。オレガノは、もみながら加えると香りの成分が刺激され、よい香りが放たれます。

バーニャ・カウダ

材料 作りやすい分量

バーニャ・カウダソース
- にんにく…中15片
- エキストラ・バージン・オリーブ油…約1カップ
- アンチョビ…小1瓶（固形45g）
- ドライオレガノ…小さじ½弱

野菜とパン※
- 赤パプリカ…1個
- セロリ…1本
- にんじん…小1本
- 紅芯大根…¼個
- トレビス…2枚
- パン・ド・カンパーニュ…適量

※好みの野菜とパンでもよい。

1 ソースを作る。にんにくは皮をむいて縦半分に切り、芽と薄皮があれば取り除き、小さな鍋に入れてオリーブ油をかぶる程度に注ぐ。

2 中火にかけ、ぐつぐつしてきたら、火を止めておさまるまで待つ。再び弱火にかけ、またぐつぐつしてきたら、火を止める。これを、3回ほど繰り返し、にんにくに竹串がスーッと通るまで続ける。

3 フォークか大きいスプーンの背で手早く、鍋の中でにんにくを完全につぶす。にんにくが柔らかくなっていれば、簡単につぶれる。油が熱いので飛ばないように注意。

4 油が冷めないうちに手早くアンチョビを竹串2本を使って瓶から取り出し、そのまま鍋に加え、軽くつぶしながらよく混ぜ合わせる。

5 アンチョビが溶けて滑らかになったら、オレガノを手でもんで混ぜ入れてできあがり。野菜は好みの形に切ってトーストしたパンと一緒に器に盛り、温かいソースをつけていただく。

ソースが残ったら

瓶に入れ、表面をオリーブ油が5㎜以上おおうようにして冷蔵保存する。冷蔵で1か月ほど保存できる。

保存していたものを食べるときは、瓶のまま湯煎にかけて温める。鍋にあけて温めると焦げるので注意。

冬 winter

レモンの季節

ずっと昔、レモンは観賞用で富の象徴として庭に植えられました。「黄金のボール」と称えられ、初冬に黄色く色づいたレモンの実がたわわに輝く様は、まさに豊かな気持ちに。果実を食べるようになったのはじつは後の時代のこと。イタリアの南部、アマルフィは代表的なレモンの産地として知られています。日本で自家製梅酒を漬けるように、レモンの季節になるとアマルフィの家庭では伝統酒・リモンチェッロ作りを始めます。うちの庭には3本のレモンの木があり、冬の陽を浴びて枝をしならせるレモンの実は、草花や緑が少ない冬の庭でひときわ光を放ちます。

リモンチェッロ

材料 作りやすい分量

レモンの皮（黄色の薄い表皮部分のみ）…大5個分
アルコール（度数95度程度、市販のウオッカなど）…500mℓ
水…500mℓ
グラニュー糖…400g

1 レモンは、よく洗ってピーラーで白い部分が入らないように気をつけて黄色い皮のみを薄くむく。

2 1ℓほど入る広口瓶に**1**のレモンの皮を入れ、アルコールを注ぐ。しっかりフタをし、日の当たらない場所に1週間ほどおく。ときどきゆする。

リモンチェッロとグラスを冷凍庫で冷やし、食後酒としていただく。
口の中がさっぱりと爽やかになり、とくに肉料理の後には消化を促進してくれます。
アルコール度数が高いので、炭酸水や軽い白ワインなどに加えても楽しめます。

3 レモンの皮が白っぽくパリパリになったらこし、皮は取り除く。

4 水とグラニュー糖を沸騰しないように火にかけ、シロップを作って冷ましたら、3に注ぎ入れる。

5 よく混ぜて常温で1週間ほどおいたらできあがり。

モロッコが発祥の地といわれる塩レモンと同じですが、和食にもよく合うし、肉料理や魚料理、たれやスープにも加えたり、と不思議なほどいろいろなものに使える万能調味料です。取り出すときは乾いた清潔な箸で。発酵食品なので保存の状態が悪いと傷みやすくなります。

塩漬けレモン

材料 作りやすい分量
レモン…大3個
塩…大さじ3〜4
ローリエ…1〜2枚

1 レモンはよく洗って水けをふき、縦6個のくし形に切る。

2 レモン3個が入る密閉できる広口瓶に、塩小さじ2ほどを入れてレモン1切れの汁を軽く搾り入れる。

3 2のレモンに塩を振りかけて瓶に入れる。

4 2と3を繰り返し、隙間が空かないように瓶に詰めていき、途中でローリエも入れ、塩が残っていれば最後に加えてフタをする。

5 常温においてときどき上下を返しながらゆすって、5日ほどたったら冷蔵庫で保存する。ときどき上下を返しながらゆすって動かす。3か月ほどで使える。冷蔵で6か月ほど保存できる。

豚肉のカツレツ

材料　2人分
豚しょうが焼き用肉…4枚
塩漬けレモン(細かいみじん切り)
　…くし形の¼個
薄力粉…少々
溶き卵…小1個分
パン粉…適量
エキストラ・バージン・オリーブ油
　…大さじ1〜2
(フライパンの大きさによる)

1 豚肉の両面に塩漬けレモンを塗り、少しおいておく。一晩冷蔵庫でおいてもよい。
2 **1**の両面に茶こしで小麦粉をまぶして手で押さえ、溶き卵をくぐらせ、パン粉を両面につけて押さえておく。
3 大きめのフライパンにオリーブ油を入れて温め、**2**を入れて両面をこんがりと焼く。

炒り豆腐

材料　作りやすい分量
木綿豆腐…175g
塩漬けレモン(みじん切り)…くし形¼個分
七味唐辛子…少々

小さな鍋に豆腐を入れて火にかけ、泡立て器で上からザクザク豆腐をつぶし、塩漬けレモンを入れて水分がなくなるまで炒る。七味唐辛子を加えて味を調える。

大根の鬼おろし

材料　作りやすい分量
大根…10cm
塩漬けレモン(みじん切り)…くし形¼個分
エキストラ・バージン・オリーブ油…少々

大根は皮をむいて鬼おろし器で粗くおろし、ボウルに入れて塩漬けレモンとオリーブ油を加えて混ぜる。

レモンメレンゲパイ

アメリカに留学していたとき、多くの家庭で使っていたレシピブックに載っていて繰り返し作ってきたレシピです。当時、アメリカの一般の家庭では、よくこのパイを焼いていました。パイ生地はバターではなくオリーブオイルを使うのがわたし流。メレンゲは電動より、泡立て器で手で作ったほうがなぜかおいしくできます。電動は自然より速い速度で回転するから？　何か自然に無理があるのかも？　などと思います。

1 オリーブ油パイ生地

材料　直径23㎝パイ皿1枚分

薄力粉…240g
塩…小さじ½
エキストラ・バージン・オリーブ油…60g
水…大さじ4

1 ボウルに薄力粉を振るって入れ、塩を混ぜ入れる。オリーブ油を加えて素早く指で粉をつまむようにして細かい粒にする。

2 水を少しずつ振りかけて軽く混ぜ、丸くまとめる。練らないこと。

3 濡れた布巾を敷いた上に大きめのベーキングシートを2つに折り、その間の中央に**2**を挟む。めん棒で厚さ3㎜ほどの大きな円形にのばし、さらにパイ皿より2㎝ほど大きい円形になるよう生地をのばす。

4 上の紙をはがし、パイ皿に生地をかぶせる。

5 紙をはがし、軽く手で押さえてパイ皿にはり付け、皿の縁より1㎝ほど出たところで、円形に切りそろえる。

6 フォークの先で縁を押して模様をつけ、生地のところどころに小さな穴をあけ、焼いた際に生地が膨らまないようにする。

7 220℃に余熱したオーブンで15分ほど、薄いきつね色になるまで焼き、パイ皿に入れたまま冷ます。

2 レモンフィリング

材料 直径23㎝パイ皿用
グラニュー糖…225g
コーンスターチ…大さじ3
薄力粉…大さじ2
水…1½カップ
卵の黄身…小3個分
バター…24g
レモンの搾り汁…大さじ3
レモンの皮（すりおろす）
…大さじ1

1 中サイズの鍋に砂糖、コーンスターチ、薄力粉を入れて混ぜ、ゆっくりと水を加えながら混ぜたら中火にかけて沸騰するまで混ぜ続ける。

2 1分間沸騰させたら火を止める。中サイズのボウルで溶いた黄身に¼量を加え、手早く混ぜる。

3 **1**の鍋に**2**を戻して中火で混ぜ続けながら、沸騰したら1分ほど加熱して火を止める。そのまま滑らかになるまで混ぜ続ける。

4 バター、レモン汁、おろしたレモンの皮を手早く順に加えて混ぜる。

5 パイ皮にピッタリとくっつくように広げ入れる。

3 メレンゲ

材料 直径23㎝パイ皿用
卵の白身
（冷やしておく）…小3個分
レモン汁…小さじ1
グラニュー糖…大さじ5

ボウルに卵の白身を入れ、レモン汁を加えてふわふわになるまで泡立てたら、砂糖を少しずつ入れ、角が立つまで泡立てる。

4 仕上げ

メレンゲをレモンフィリングの上に入れ、パイ皮にピッタリくっつくようにして表面を好みの形に整える。180℃のオーブンで8〜10分、メレンゲに焼き色がつくまで焼く。粗熱が取れ、常温になったらできあがり。

愛しい道具と愛読書

子どもの頃から器や調理道具に興味があり、一番古い記憶は祖母が油用の一斗缶で作った簡易オーブン。太平洋戦争が終わって間もなく、アメリカから食糧難の日本にメリケン粉が配給され、祖母がこの手作りオーブンでおいしいパンを焼いてくれました。

留学時代には招かれたお宅で食後の片付けを手伝いながら、はじめて見るお鍋や調理道具を洗うのが楽しくて。結婚してから行ったアメリカでは、栄養士の友人が勧めてくれたオールクラッド社の7点鍋セットを購入。50年経った今もなんの支障もなく使っています。質がいいものは長もちするし、使うたびに愛着が深まります。

イタリアのパルマに通い始めた頃は、朝市の荒物屋さんで半端ものの小さい鍋を見つけ、市が立つ日には小鍋買いを続けました。半端ものなのでそろいのフタがないのですが、鍋自体は上質のステンレス製。20年以上前に買った格安商品でしたが、ひとり暮らしの今はとくに便利で毎日キッチンで活躍しています。

そして「もうお鍋は買わない」と決めていたのに15年ほど前、ストウブ鍋と出合い、使ってみたらすぐに虜に。ストウブ鍋のおかげで玄米、豆類が気軽に作れるようになり、いつでも体に優しい豆料理を食べています。

アメリカの大学に入学した年、ベビーシッターで住み込んでいた家の奥様が使っておられた本を見てびっくり。厚さが3cmほどもある料理書。後に、自分で買って読んでみて、また驚き。レシピだけではなく、それにまつわる歴史や文化が書かれています。以来、旅先では必ず料理書を買って帰ることにしています。いつしかそれがわたしのミニ図書館に。小さい本も入れて500冊ほどあるのかしら？　自分でも驚くほどの数になりました。その中で一番古いのはアメリカを立つ前に買った料理書で、今回紹介したレモンメレンゲパイはこの本から。往年の映画俳優ロバート・テイラーのお気に入りで、パイのレシピはテイラー氏のお母さまのものです。

最近は少し時間と心のゆとりができてきたので、尊敬するマルチェッラ・ハザンさんのイタリア料理書やダイアナ・ケネディさんのメキシコ料理書などを読み返しています。彼女たちが書いた土地の伝統料理の歴史や作り方から、わたしは多くのことを教えられました。今は亡きお二人に感謝の気持ちを捧げます。

Betty Crocker's
NEW PICTURE
COOK BOOK

体を動かすことの恩恵

家の中でもできるだけ動きながら生活すれば、わざわざスポーツクラブに通わなくても運動になるのでは？　とずっと思っていました。暮らし方も寝室をあえて2階にしたり、仕事は1階でしてコピー機は2階に置くなど、人から見ると面倒な生活をしてきました。この習慣のおかげで、今も軽々と階段を上り下りしています。

ですが、やはり歳をとると体に変化が出てきて歩くのが遅くなったり、重いものが持てなくなったりするのに気づきました。栗原宏樹先生の源気功と松田伊織先生の整体を知ったのは75歳頃のこと。

気功で気の入れ方や体の動かし方などを学び、整体では、若い頃から始まっていた使い方による体の歪みなどを整えてもらいます。源気功はコロナ禍以降はZoomでレッスン。これが好都合で、家でできるのはむしろプラスが多く、週に2回続けています。整体は自宅で施術してもらい、漢方薬の薬剤師でもある松田先生に必要な漢方の処方箋も出していただきます。

そしてもうひとつ、わたしを元気にしてくれているのが庭のハーブと草。昔は庭の草刈りは夫の仕事でしたが、今はわたしがしなければなりません。そこで考えついたのがハサミ1本で草を刈る〝ハサミガーデニング〟です。毎朝、日光が強くなる前に庭に出て、ハーブのいい香りや薬効を深呼吸でいただきながら、雑草があればハサミを立てて土に刺し、草の根だけを引き上げるか、土の中で根を切ります。残したいハーブが隣にあるときなど、ハーブを傷つけないで雑草だけを根から掘り起こせます。

これもみんな体を動かすことを意識し続けたおかげかも？稲村ケ崎の急な坂道を苦もなく上り下りしています。

どんなことでも面白い

子どもの頃から好奇心が強かったと思います。
小学生の頃、友達たちと学校に行く途中、麦畑に来ると年上の男の子が麦の穂を取って中の麦を噛んでいます。「面白そうだな！」とすぐさまわたしも真似て噛みました。すると麦がチューインガムのように粘り出すではないですか！「うわ〜、面白い！　チューインガムだ〜！」と大発見。
中学生後半の頃、たしか新聞にアメリカの漫画が連載されていて、その中でお父さんが厚み10㎝ほどもあるサンドイッチを食べている場面が載っていました。「アメリカに行ってこのサンドイッチ食べたい！」と、何度もその絵を見ながら思いましたっけ。「アメリカに留学したい」と思い始めたのは、当時わたしの年齢でも楽しめたアメリカ映画の影響が大きかったのですが、ほかにもこのような小さな体験がいくつか重なったからでしょう。

さて、わたしの好奇心は85歳になっても健在。この本の料理をこれからの時代に合ったものにしようと考えていると、ちょっとしたことからアイディアが浮かんできます。「これ、面白そうね！」と思って料理をすると、意外やおいしくでき、「やった！」と叫びたくなるほどです。もちろん「もう一度やってみないと」というときもありますけれど。
誰かとお話ししていても「それ面白いね！」といつも興味津々。好奇心の扉はいつも開いています。

北村光世

Mitsuyo Kitamura

食文化研究家／ハーブ・オリーブオイル研究家。1939年京都市に生まれる。19歳のときに渡米し、5年間の大学生活後、青山学院大学文学部でスペイン語の教鞭をとる。94年、教員生活に終止符を打ち、ハーブを使ったメキシコ、地中海沿岸、アジアの料理とその背後の食文化を雑誌、著書、テレビ、料理教室などで紹介。90年代、国際オリーブオイル理事会主催の地中海諸国セミナーツアーに5年に渡って毎年招待され、パネラーを勤めるほか、発表にも参加。独自のオリーブオイルに関する体験に基づいた料理教室やトークショーを展開している。子どもの食育にも力を注ぎ、小学校や幼稚園で食文化のお話し会でも活動。著書は『おいしい処方箋 オリーブオイル・レシピ』(世界文化社)や『まいにちのハーブレシピ』(河出書房新社)の他、多数。

https://mitsuyokita1939.wixsite.com/slowfastfood

北村光世のYouTube Channel

シンプルに無《む》駄《だ》なく

85歳《さい》、ノンナさんの食《しょく》卓《たく》

2024年 10月 14日　第1刷発行

著　者　北村光世《きたむらみつよ》
発行者　渡辺能理夫
発行所　東京書籍株式会社
〒114－8524　東京都北区堀船2－17－1
電　話　03－5390－7531（営業）
03－5390－7508（編集）
印刷・製本　TOPPANクロレ株式会社

ISBN978-4-487-81815-0 C2077 NDC596

アートディレクション　昭原修三
デザイン　植田光子
撮影　邑口京一郎
スタイリング　久保原惠理
料理助手　水野洋子
ヘアメイク　立木亜美
構成・編集　石井美佐
プリンティングディレクター　栗原哲朗（TOPPANクロレ）